大洞敦史 文・攝影

遊步台南

12位藝術家——的——台南慢時光

推薦序——

我很想打開大洞桑的頭殼，然後觀察裡面長怎樣？

一青妙
作家・演員・牙醫
台南市親善大使

我二〇一四年由日本新潮社出版《我的臺南》，之後製作中譯版（聯經、二〇一五年）的過程中採訪大洞桑。這次當大洞桑要寫書，我的立場就變成受訪者。我們的關係常常會在「採訪者」與「受訪者」之間來回地替換。

當時大洞桑在台南做日語教師。印象深刻的是，某天他穿著沖繩襯衫，在好幾個朋友們的面前彈沖繩三線琴唱歌，感覺非常融入台南社會，因此我在書裡寫上這句話：

「大洞先生可說是個不折不扣的怪人。」

大洞桑國中一年級時就選擇自學，因為非常迷戀書，搬到二手書店街東京神田住。之後開始研究柏青哥，打柏青哥賺錢的生活持續了六年。然後又回到書本世界，在研究所念文學，不久被台灣的「南國」氛圍吸引，移居台南。

對於像我這樣平凡的人來說，大洞桑人生中的每一個過程都令人相當驚訝。怎麼能夠那麼大膽地開拓新的路？怎麼都不怕轉換方向？然後，怎麼那麼自在地去做自己想要做的事情？

我採訪大洞桑時，他說「明年要開蕎麥麵店」，正在努力修練手作蕎麥麵。當然，要當個蕎麥職人也沒那麼容易，一定要費許多心血。然而他後來如他的宣言，（外人看起來）輕而易舉地成為蕎麥職人，在台南開了「洞蕎麥」。同時他與一位台南女孩結婚，在台南扎下更深的根。現在和太太蕭米真小姐一起經營洞蕎麥，很受台灣人的歡迎。

看書加上柏青哥，再加上台灣，從這個算式中如何導出蕎麥職人之道？我完全不明白。大洞桑的思路是個謎。我很想打開他的頭殼，然後觀察裡面是長怎樣。在那裡一定充滿著多到無法想像的「好奇心」。在各種各樣的好奇心中，如果有一種好奇心膨脹得特別大的話，大洞桑就會朝著那個方向，毫無猶豫地用矯健的步伐一路走過去。其理由可能只有本人才知道。因此每隔兩、三年一定會有一次，我被大洞桑嚇了一跳。

對於我而言，這本書也是個大驚喜。雖然我以前就知道大洞桑是個優秀的作者，不過他這次做的是，向好幾位從事藝文工作的台灣人及日本人，巧妙地探聽出他們眼裡所見的台南的樣子，然後寫成一本書。大洞桑之前都是讓人們看見自己的行動，這次就做為別人的陪伴，來一起介紹台南的魅力。

台南是座人氣很旺的觀光都市。不管台灣還是日本，許多人都對台南有興趣。相信大家都會喜歡這本書，因為充滿著獨一無二的資訊，在這本書裡出現好幾位很有個性的台南人，他們所講述的台南的面貌也相當特別。

很高興自己也能被列入介紹台南魅力的人物之一。我介紹的內容，是與我的原作改編電影《媽媽，晚餐吃什麼？》有關聯的地方。

願許多台灣人都能看到這本書，以及希望有一天也能看到日譯版！

推薦序——

這本書充滿大洞先生對台南的愛

作家．資深媒體人

野島剛

台南旅遊的熱潮不只在台灣，在日本也正在掀起中。參與這本書的一青妙女士與山崎兄妹都在日本出版過以台南為主題的書，此外攝影師川島小鳥先生或小說家乃南亞沙女士也都有關於台南的著作。這次，又多了一本由日本人來寫的台南書籍。

以前日本人台灣旅遊的路線，大多是先到台北，再去高雄住一晚，回到台北後返回到日本。台南只是一個路過的地方而已。但是這幾年，特意來台南的日本遊客直線上升。在台南的街角，常會看到日本人。台南與日本人的關係，如此達成了從生疏到親密的一個轉變。

台南為何吸引日本人？我的分析如下：「人情味」、「美食」、「歷史」這三個是台南魅力的主軸。其中「人情味」最重要。你在台南的旅途中會遇到的人們，都擁有難以形容的親切感與可愛感。在路上擦肩而過的人們的表情好像都發著光。

若冒昧地以別的地方為例的話，九份也有歷史，美食的話台北最豐富。然而說到人情味，我個人在九份或台北感受到的較少。台南的歷史和美食文化都很濃厚是不言而喻的，但是因為又加上人情味這個調味料，讓台南的魅力增加了兩、三倍。一旦體驗到台南人情味的人，都會想再來，於是他就變成了常客，甚至有人移居台南。

作者大洞敦史先生也是位從台南的粉絲變成台南住民的人。現在他一方面經營日本蕎麥麵店「洞蕎麥」，一方面帶著拿手的樂器沖繩三線琴到處彈唱表演，是位很獨特的人物。

大洞先生曾在日本出版一本遊記書《台灣環島 素描南風》（書肆侃侃房、二〇一四年）。走遍了台灣土地的他，把台南選作終點站。整個台灣都是個歷史和美食的寶庫，大洞先生到處見聞之後特意選擇台南，我在想其主要的理由可能是當地的人情味。

我讀《台灣環島 素描南風》時還沒認識大洞先生。年輕的感性裡所洋溢的筆調使我深受感動。於是，後來我邀請他成為我現在擔任編輯主任的日本多語種網站「nippon.com日本網」專欄作家，請他定期寫稿。

雖然有點自誇，不過可以說我也真的沒有看錯。從大洞先生的文筆中所誕生的這些以台南為主題的文章，大多都會得到讀者們的強力支持。我想，這是因為大洞先生已經深深地扎根於台灣社會，熱愛台南，甚至在這塊土地上開了自己的店面，這樣的愛會使讀者的心裡產生震動。

《遊步台南》這本書雖然型態上是很多知名的藝術家們各自講台南的特色，但是更可以解讀成大洞先生借助他們的言語，然後自己來講述台南的魅力。這本書充滿著大洞先生對台南的愛。能夠有大洞先生這位日本友人，對於台南而言是件很幸運的事。

12位藝術家

的

台南遊步地圖

台南公園
無名豆花
手艸
生活
鴨母寮市場
公園路
成功路
台南火車站
成大榕園
中山路
赤崁樓
MicMac
印尼餐廳
民族路
永福路
忠義路
老騎士咖哩飯
吳園
十八卯茶屋
公會堂
民權路
鶯料理
合成
帆布行
全美戲院
青年路
北門路
前鋒路
台灣
文學館
民權路
左藤紙
藝薪傳
開山路
南門路
林百貨
八吉境
關帝廳
葉石濤
文學館
南門路豬腳飯
艸祭book inn
孔廟
克林台包
白甘餘
台南神學院
東門路
莉莉水果
福吉雅手作布丁
林森路
台南棒球場
體育公園
崇明路牛肉湯

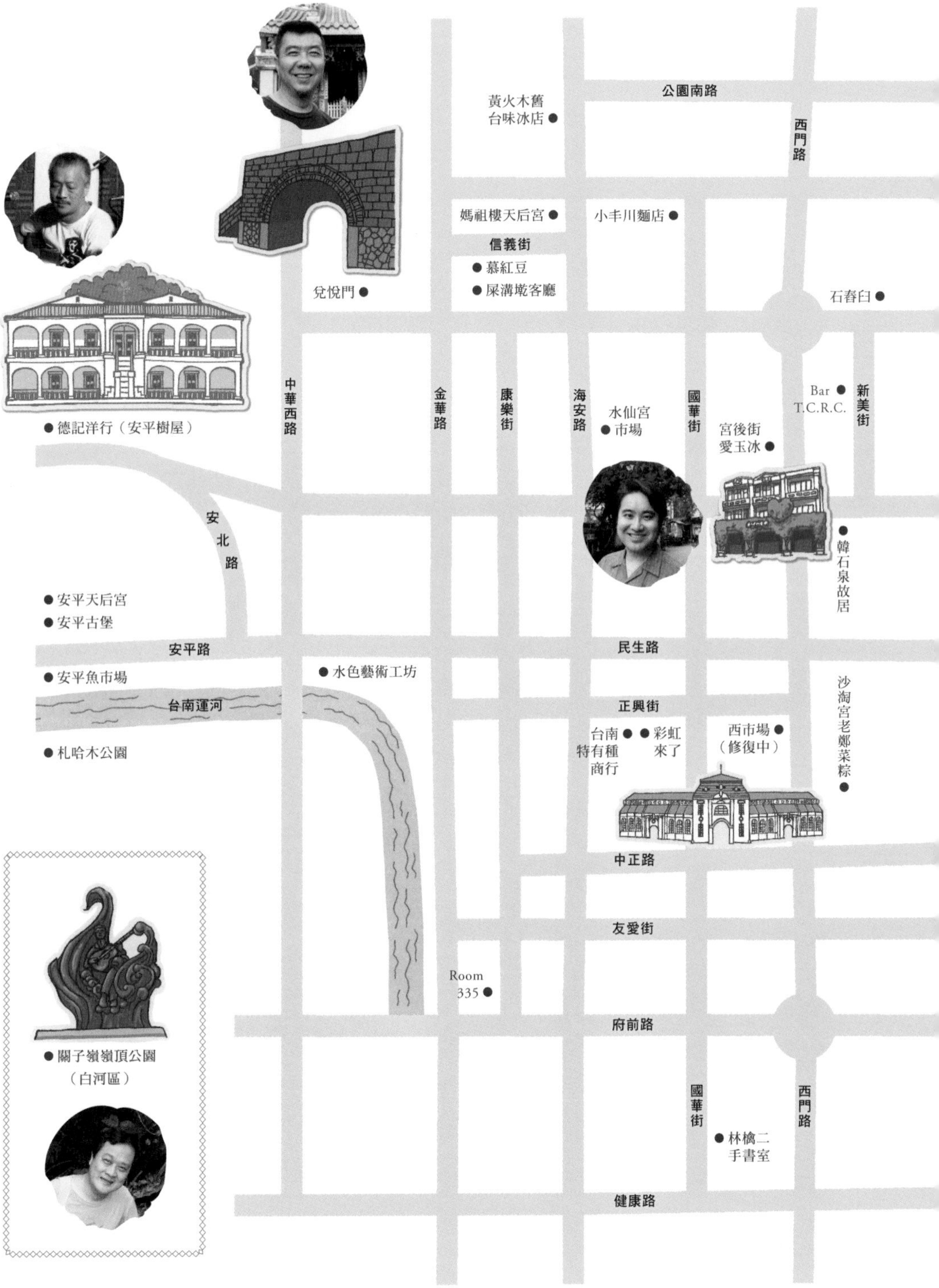

公園南路
黃火木舊
台味冰店
西門路
媽祖樓天后宮
小丰川麵店
信義街
慕紅豆
屎溝墘客廳
兌悅門
石舂臼
中華西路
金華路
康樂街
海安路
水仙宮
市場
國華街
宮後街
愛玉冰
Bar
T.C.R.C.
新美街
德記洋行（安平樹屋）
安北路
韓石泉故居
安平天后宮
安平古堡
安平路
民生路
安平魚市場
水色藝術工坊
台南運河
正興街
沙淘宮老鄭菜粽
札哈木公園
台南
特有種
商行
彩虹
來了
西市場
（修復中）
中正路
友愛街
Room
335
府前路
關子嶺嶺頂公園
（白河區）
國華街
西門路
林檎二
手書室
健康路

目錄

Walking in
TAINAN

12 Artists' Tainan
Slow Time

臺南
Tainan
保安
Bao'an
7.6公里km
大橋
Daqiao
2.7公里km
電子票證
02-77099329

Te - Sheng Wei's
TAINAN

金馬導演的台南

魏德聖

知名電影導演，果子電影創辦人。台南永康人。當兵時受室友的影響，及看一部義大利電影《四海兄弟》，開始追尋電影夢。之後擔任楊德昌工作室副導演，得到很大的啟發。執導的首部電影長片《海角七號》掀起全台熱潮，接下來的《賽德克・巴萊》、《KANO》也都富有台灣歷史和本土元素。目前正投入以十七世紀台灣為舞台的《臺灣三部曲》創作，並於二〇一八年發表「豐盛之城」歷史文化體驗園區計畫。他追求夢想的心是一匹特有種的獅子，看上眼的目標不管多大，從不放過。

鹿耳門溪口

四草大橋過後是一片魚塭，鹿耳門溪旁有個小漁港，車子繞了一圈後順著溪邊的小路開到溪口。這裡是鄭成功帶領的幾百艘船為了攻打荷蘭人半夜趁著漲潮登陸的地方。我們把車子停在西洋人當門神的鎮門宮廟埕，登上河堤的斜坡。海風一直吹，蚵架點點地浮在藍色溪流上。

「我唸國中的時候，爸爸買了一艘小漁船，常常帶我出海，有時候還讓我開船。但不是漁民的人不能隨便出海，所以他常常讓我躲在港口外面，等到出去的時候靠邊讓我跳下船，可是那時候我不知道這裡是哪裡。一直到快三十歲，開始要寫《臺灣三部曲》的時候，我回來台南，也來到這裡看看。那時候覺得有點熟悉，再來騎摩托車騎到漁港的時候，越來越覺得這裡好熟悉喔，然後我在漁港晃晃的時候，遇到爸爸開車來，他是來照顧漁船的。」

「怎麼那麼巧！」

「對，我遇到爸爸之後又回來溪口，有點想流眼淚。我站著的這個地方，來過那麼多次，竟然不知道是台灣歷史上最關鍵的一條溪。我跟台灣的歷史是有產生關係的，不是局外的，那種感覺很強烈。那是一種電流，本來有一條電線，只是開關沒有連結上，某一個地方跟你本身有連接點的時候，那種電流是很特別的，整個非做不可的那個東西就會產生。」魏導熱情地講故事。

魏導準備二十年的《臺灣三部曲》是從台灣原住民、漢人及荷蘭人這三者的視角來分別敘述十七世紀從荷治到明鄭時期台灣歷史的電影，而且他還要在台南蓋一座以《臺灣三部曲》為主題的遊樂園計畫，這些都是富有「特有種」個性的魏德聖導演才敢做的事。他講的故事讓我覺得，在漁港遇到父親，然後在溪口被電流觸擊般的那個經驗一直在支撐著他的決心。

讓台灣人有更多的自信，是魏導拍電影的動機之一。那麼自信從哪裡來？藉魏導的用詞來講的話，正是自己出生長大的土地和祖先的歷史，與自己的人生之間通了一條電流的時候。

陽光炙烈，我們在河堤的涼亭休息，我拿起琉球三線琴唱了幾首琉球民謠。民謠總會將祖先的生活和想法傳達給後代人，如感情故事、叮嚀、跟大自然相處的智慧等等，這是一種將過去跟現代連結的電線，也是能讓現代人以祖先為驕傲的電流。

魏導指著一間鐵皮屋說：

「那時我進去上廁所，一隻很胖的豬睡在裡面，我被牠嚇死。還有一隻迷你馬綁在外面，只有我一個人，風又大，覺得很稀疏。」

我看到一位老先生，詢問那隻豬還在不在？他說：

「牠回去當海龍王的女婿啦。」

我心中浮現一首江戶時代詩人松尾芭蕉的俳句：

夏草や兵どもが夢の跡

古戰場現在變成繁茂綠草的荒地，大自然寧靜地看著人類的枯榮盛衰。

位置

安南區媽祖宮一街
345巷盡頭

石舂臼

台南的觀光區與生活區是渾然一體的，赤崁樓西邊有一塊小吃店聚集的地方，通稱石舂臼。擔仔麵、米糕、碗粿、牛肉湯、香腸熟肉、棺材板、八寶冰等等，能吃到許多種台南傳統的味道。據說民國八十七年拆除廣安宮廟埕廣場之前更是熱鬧，後來不少店家搬到外面，於是在街道上偶爾會看見「石舂臼」或「石精臼」的招牌字。以前許多米廠在這裡經營，一九一〇年代在機械化以前都是工人用石臼碾米。人是鐵，飯是鋼，自然而然許多飯桌也林立起來。

一九三九年開業的福泰飯桌可以說是傳統式的早午餐店。陳列著炸魚、燉魚、蝦捲、香菇肉羹、龍膽石斑魚湯等好多種菜色，令人垂涎三尺。客人手指著喜歡的菜，店員馬上就幫客人盛盤端過去。早上客人們的食欲已經很旺盛，我想台南人的精力來自於早餐。

我們來到赤崁樓前面，魏導說：

「我老家在永康做鐘錶、眼鏡、印章、打火機等等，赤崁樓旁有一家印材行，小時候爸爸常常帶我去那裡拿材料。」

我們從度小月擔仔麵的角落進到赤崁街，靠在赤崁樓

紅色的圍牆，踏著樟樹的樹影走。看到了「金山印材」的小看板。店的氛圍很低調，我今天第一次注意到，但是這家店經營至少半個世紀以上了吧。魏導老家的印鎖行到現在也還在經營。台南除了餐飲或賣生活用品的老店之外，還有許多遊客不會注意到的老店。

「有一次爸爸帶我來這裡的時候，進去度小月。我覺得為什麼那麼小碗，但吃了覺得好好吃喔！我小時候胃口不好，可是那個時候吃了第二碗，又吃第三碗，又吃第四碗。我不知道為什麼現在台南人覺得度小月是觀光客吃的地方，對於我小時候的記憶來講，那是生活的一部分。」

「有去別家吃過小吃嗎？」我問。

「嗯，我小時候很少在外面吃東西，對於我們台南縣的人來講，家裡的媽媽不煮菜是不對的、偷懶的。所以我從小都在家裡吃三餐。」魏導回。

我小時候也一樣，因為家人認為餐廳貴、營養又不均衡，所以一個月才一兩次去外面吃飯。但是現代的台灣，因為有許多店家用便宜的價格提供營養充足的家常料理，台灣人對外食的接受度及在外用餐的頻率比日本人高許多。從婦女社會參與的角度來看，台灣這點很先進。

下午三點多，肚子稍微餓了，可惜度小月沒開。逛民族路旁，有一家「清子香腸熟肉」的阿嬤熱情地招呼我們。我們就點了幾道菜，坐在路邊的紅椅頭。清子阿嬤端來的香腸、魚卵、豬肝、豬肉片和豬腳都切得很大塊，不油膩，冰冰涼涼的，很適合在炎熱的下午，在戶外配啤酒吃。

石春臼雖然已經沒有石臼了，廟埕也被拆除了，但這裡依然是跟國華街並駕齊驅的小吃街，從早到晚不時冒著裊裊炊煙。

【度小月民族店】

地址

民族路二段216號

營業時間

10:30-22:00

電話

06-2215631

【福泰飯桌】

地址

民族路二段240號

營業時間

7:00-14:00（週一公休）

電話

06-2286833

【清子香腸熟肉】

地址

民族路二段248號

營業時間

11:00-20:00

電話

06-2206158

台南
火車站

一個車站的建築風格代表該城市的氛圍。繁華的都市適合又大又有前衛感的造型，老城市則適合古色古香的設計。車站就像是個家庭裡的母親，穩重地坐在市中心，用溫柔的眼神守護著孩子們。又宛如人類經過產道誕生於這世界，旅人們通過剪票口面對未知的城市。大廳彷彿是母親的懷抱，燦爛的陽光從二樓長形圓拱窗照進大廳，是那麼的溫暖和煦。

原台南驛（台南火車站）是由日治時期鐵道部建築師宇敷赳夫所設計，一九三六年竣工。當時的官方建築中，不少是壯麗的巴洛克風格，為了炫耀主權國的威容。但是宇敷設計的台南火車站及嘉義火車站的風格沒有太多華麗的裝飾，卻很柔美、沉著，而且非常耐用。過了八十幾年，仍然每天被五萬名以上的旅客使用著。光低調跟重視實用性這點，就頗與台南人的氣質相稱。

在前往火車站的途中，在台南永康長大的魏導說：

「我二十一歲離開台南之前，從國中開始，幾乎每天都出入火車站。有時候去練習空手道，有時候去打工，永康、台南、保安，這幾個站一直在連結。後來搬到台北，高鐵開始運行之後就幾乎沒有坐過火車了。但是大約半年前的

某個晚上，我要從台南坐火車到高雄，坐在等候區的時候，發現整棟車站的建築、氣味和氛圍，完全沒變過。那種氣味我很難形容，它其實有點尿騷味啦。廁所的味道一直飄到整個大廳，那味道是一種時空的連接點。」

「我也是永康人，常往返台南，魏導想表達的那個味道完全能夠理解。」我太太說。

「可是那個尿騷味，不會讓人討厭。它有點親切感。」魏導說。

對於魏導而言，台南火車站是個時空暫停的地方，其實我也有相同的感觸。我家書櫃裡有一張一九九三年當時來台拍的台南火車站月台的照片。二十五年前的招牌、牆壁、樓梯都跟現在一模一樣，只是站在月台上的我是九歲的小朋友。那時的我也一定有聞過那股氣味。

為了回味，我們從地下道往火車站走的路上，魏導說：

「以前電影剛入行的時候，我寫的第一本劇本就是用台南火車站的地下道當背景。有一個流浪漢，他不知道坐在那邊幾年了，突然有一天看到一個婦人走過來，他臉都沒抬，一直低著頭，那個婦人就是他以前的老婆。」

我從這幾句話裡感受到他對台南火車站種種的情感。

到了大廳的等候區，不知為何聞不到任何氣味，原本是廁所的地方被封起來了。魏導和我都有點失落感，我們一起去另一個洗手間上完廁所，就搭著今天陪同我們採訪的蔡宗昇廳長的車子離去。

「味道不見，回憶也就不見了，可能白天被太陽殺菌了。」魏導笑著說。

「很可惜，不然你的特有種商行就可以賣那種『特有味』的香水。」幽默的廳長笑著說。

註

台南火車站目前正在進行
鐵路地下化工程，
月台及地下道可能都會走入歷史。

攝影◎蔡宗昇

童年大洞敦史（1993）

台南神學院

我剛從東京搬來台南的時候，住在青年路上的一間小套房，每天從窗戶看見斜對面的台灣教會公報社。它隔壁還有台南神學院與新樓醫院，這一塊地方是英國長老教會在台灣傳教的開端，對於我而言也是自己台灣生活的起點。一九〇〇年完工的新樓醫院，是當時台灣最先進又最大規模的醫院，設有手術室、病房、藥房和禮拜堂。現在有一座蘇格蘭人馬雅各醫生的銅像，十九世紀後期他和巴克禮牧師在台灣南部克服許多困難，從事傳道和醫病。一九〇三年興建的台南神學校新校舍，即今神學院本館。

一進到神學院，街道的喧囂立刻遠離，緬梔、土芒果、榕樹、鳳凰木或蓮霧等等老樹林立，野鳥們在樹上用不同的聲音唧唧喳喳著。魏導說：

「在我約四十歲的時候，媽媽住進新樓醫院，我從小在教會長大卻沒有來過神

學院，就一個人走進去，因為整個學校沒有半個人，突然間覺得好像有時空穿越的感覺，那個氣氛很美。」

熟悉台南的蔡宗昇廳長也接著說：

「隔壁有一座明代創建的彌陀寺，樓上可眺望神學院和香格里拉飯店，也是種時空穿越的風景。」

小小的廣場上有一座用水泥和紅磚做的壇，像遺跡，也有點像做禮拜的祭壇，彌漫著一股神秘的氛圍。蔡廳長告訴我們：

「可能是清代北郊商人蘇萬利的故居，以前這裡都是他們家的花園。」

我們繼續往裡面走，兩排大王椰聳立著，後面有一棟哥德式建築物，就是一九〇三年蓋的本館，尖拱窗的顏色雖然是很樸素的淡藍色，但是在黑色水泥瓦和灰色牆壁中滿顯眼的。魏導說：

「這裡如果是官方建築的話，在台灣不會被留下來。你看這種樓梯、空間，以

前的建築其實都是小小的。」

我們走進院子，中間有個噴水池，池裡有一群顏色鮮豔的鯉魚。聽見優美的讚美詩歌，是從對面的禮拜堂傳來的。

「這裡的氣氛好美，尤其是去了解台灣傳教的歷史以後再來看校園和巴克禮的銅像，那個感觸是非常深。我突然想起，在很早以前就有來過，我弟弟在這裡結婚。但那時太忙，沒什麼印象。其實早上或傍晚沒有人的時候來，這裡才會有很棒的氣氛。」

我在禮拜堂尖塔旁邊看到一棵很高的楓樹，是在台灣常看見的三角楓。我跟魏導說：

「台灣原住民歌手胡德夫創作的歌曲裡有一首名叫〈楓葉〉，是他唯一的情歌，詠出唸淡水中學時代的初戀回憶，滿有情感。」

此時有一對年長的夫妻下了車，看到魏導就高興地前來打招呼。

「阿舅、阿妗！」魏導也驚訝地回應。他的舅舅是牧師，去新樓醫院看病順便來神學院。魏導曾經也在鹿耳門漁港遇到父親。台南雖然是座大城市，但是很容易遇到認識的人。

地址

東區東門路一段117號

電話

06-2371291

台南特有種商行

二〇一七年秋天，在正興街霜淇淋名店蜷尾家後面開幕的特有種商行，是魏德聖導演所企劃的電影主題咖啡館，旗艦店在台北忠孝新生站附近。「特有種」是很有勇氣的人的形容詞，英文店名叫做REAL GUTS CAFE，代表魏導和製作團隊的精神。雖然魏導個性很溫和，但是當製作電影時，就像一隻飢餓的獅子，滿懷鬥志和勇氣去奮鬥。

店面是一棟三層樓的老房子，庭院裡擺著一張木長椅，還有一把木吉他讓訪客隨意彈奏。外帶專用櫃台的左右各有一個門，過了右邊的門就會到商品販賣區，擺著一些跟魏導電影有關的商品，例如畫著鯨魚、蝴蝶或鹿的《臺灣三部曲》T恤、《KANO》的學生書包、《海角七號》的小米酒馬拉桑等，更有趣的是也可購買拍攝時使用過的衣服跟道具。

過了左邊的窄木門就可以到二樓，櫃

子裡展示著四個金馬獎盃、殺青打板、《海角七號》的幾封信與〈國境之南〉的樂譜、賽德克族的織布機等等。難得在這麼近距離能看到金馬獎盃，金馬舉起前蹄，充滿躍動感。牆壁上掛著幾張拍電影時的照片，其中一張飾演愛彈月琴的頑固郵差茂伯的已故林宗仁先生，他穿著夾克跟工作人員們一起拿著免洗碗吃東西的黑白照片，讓我印象最深刻。

選了靠陽台的位子坐下，外面很多麻雀飛來飛去，陽光燦爛地照進室內。看一下菜單，除了紅茶跟咖啡之外，還有花草茶、啤酒、調酒，另外也有茶點、丼飯、定食。點了一杯麵茶尬牛奶和一份黑糖地瓜麻糬烤餅。這些食材都是台灣鄉下的古早味食物。含著一口麵茶，濃郁的穀物和奶味在嘴裡充滿，分量十足，會有飽足感。烤餅散發著地瓜的香氣，挑起我的食欲，麵皮咬起來脆脆的，上面有好幾個很Q的麻糬，搭配得十分恰當。

三樓是紅磚牆的用餐區，有時舉辦座談會或是播放電影等活動。展示物除了有《KANO》沾著泥巴的球衣、手套和球棒之外，在後面的櫃子裡還有幾本塑膠文件夾，這其實是在這裡最珍貴、最值得一看的東西。我們可看到魏導的電影劇本、每一次拍攝的詳細紀錄、美術參考用的老照片、拍攝期間的日報表等等資料。其分量真令人驚訝及佩服，可想像拍攝電影的背後要付出這麼多的思維和努力。

「特有種這個地方以前叫做……」魏導說。

「電影里。」蔡廳長回答。

「對，小時候爸爸常常帶我來這邊看電影，或者是晚上趁我睡覺的時候和媽媽去看。坐車到中正路，看南台、王子、延平等戲院，有時候人滿到不知道怎麼買票。現在我在這裡開設以電影為主題的店，有時候歷史跟時空的接觸會讓你覺得……啊，我做這個事情是有意義的！」

地址

台南市中西區正興街71號

營業時間

11:30-21:30（週二公休）

電話

06-2218720

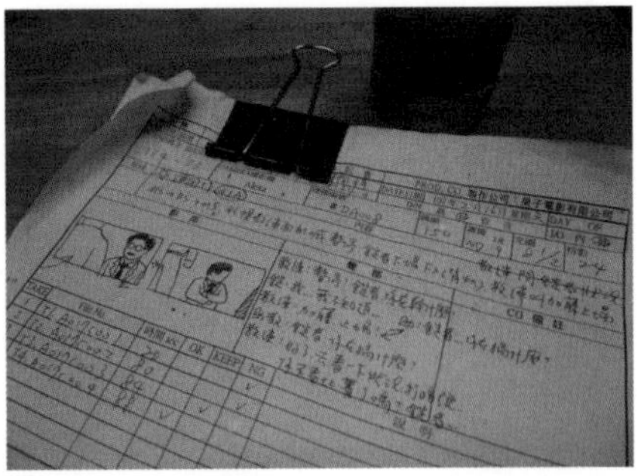

Tae Hitoto's TAINAN

作家的台南

一青妙

作家、演員、牙醫。台南市親善大使。父親是基隆顏家長男顏惠民，母親是日本石川人一青和枝。在台北長大，十一歲時遷居東京，學生時期不幸喪父母親。齒科大學畢業後當牙醫，二十六歲時初次登上舞台劇，四十歲開始作家活動。中日文著作多數，代表作品為《我的箱子》和《日本媽媽的臺菜物語》。二〇一六年參與改編自這兩本書的電影《媽媽，晚餐吃什麼？》製作。各地演講致力於促進台灣和日本的文化交流。愛好是騎自行車，曾環島台灣。

● 官網：http://hitototae.com/zh/

烏山頭水庫

我跟阿妙站在畫著弧線的大堤防上，藍色的湖面反映陽光亮晶晶。可以俯瞰廣闊的田園。這裡是石川縣金澤人八田與一所規劃及指揮之下，一九二〇年興建，花費十年完工的烏山頭水庫。我們幾乎沒有看到水泥，大部分都使用大小石頭、沙子和黏土來構築水壩。當時有鐵路，德國跟日本的蒸氣機關火車搬運土石。在放水口旁的八田與一紀念館裡展示很多當時的照片。蓋水庫的同時，也施工總長達一萬六千公里的嘉南大圳，水庫就像心臟，大圳就像血管，能夠給五十萬農民提供生活用水，灌溉面積也從原本的五千甲增加到十五萬甲。我問：

「對於妙桑來說，八田與一先生是什麼樣的人？」

「他是我的恩人，因為他讓我跟台灣與石川縣重新連結在一起。二〇〇八年製作一部以八田與一為主角的卡通電影《八田來!! 南島的水故事》，我擔任八田夫人外代樹的配音。是我第一個跟台灣有關的工作，讓我更想去了解台灣歷史。另外透過電影的推廣活動，跟我母親的故鄉石川縣也開始連結。那時我第一次覺得，我存在的根在於台灣跟石川縣。」

水庫旁的雜木林裡有一座八田與一的雕像，可以說是

台灣版「沉思者」，穿著工作服，坐在地上，邊弄頭髮邊看著水庫在沉思。這座是水庫剛蓋好的一九三一年製作，二次大戰時因在地居民擔心被政府徵用，偷偷把它藏起來，戰後也一直藏在隆田火車站倉庫裡，直到一九八一年重回水庫，坐落在八田夫妻之墓前。

這個故事讓我們想像鄉民對八田與一的思慕，但是我也有這樣的體驗：我太太的外婆一九三三年出生，一輩子都住在烏山頭，有一次我問她：「八田與一先生是好人嗎？」外婆讓我們聽坦白話：「沒好人。」她沒見過八田，但是日治時期他們要繳水費，國民政府把它撤廢，所以好像對戰後的印象比較好。外婆另外說：

「日本警察很嚴格，每禮拜都會來我們家檢查有沒有隱藏什麼食物，我們每次都要把所有家裡的東西搬到外面。家人把番薯藏在木床下，因為小孩尿床，番薯都發芽，不能吃了。以前很辛苦，每天都要走到水路取水。」

我想一想，那個時代的生活一定很辛苦，但她指的水路是嘉南大圳的一部分。之前的取水一定更辛苦。據說八田來烏山頭初步調查的時候，到農家要喝水，居民說家人正在走路去曾文溪取水，需要四、五小時。八田聽了就很心疼，下決定非實現嘉南地方的治水不可。

石川縣很多人都信佛教之一的宗派淨土真宗，它的思想一直很貼近窮人、罪人等社會弱勢者。我想八田與一的行動和思考有一部分是來自於淨土真宗的觀念。

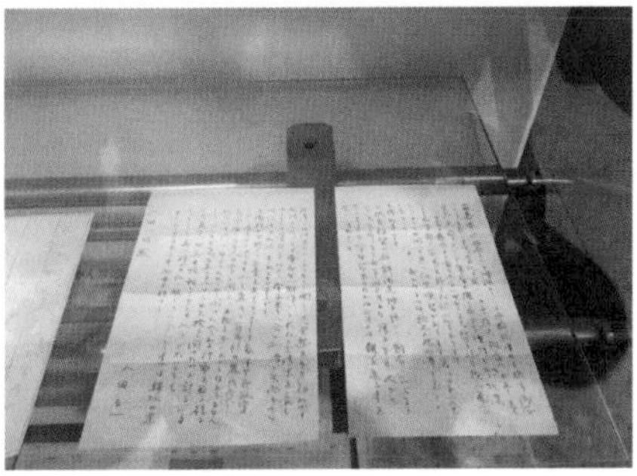

地址

官田區嘉南里68-2號

開放時間

07:00-17:30（八田與一紀念區09:00-17:30 週三公休）

門票

100元

交通

從隆田火車站坐橘10線公車

鴨母寮市場

一個地方的名字，應該要跟當地的風土或人們生活有連結。清治時期的台南街名滿有趣，例如老古石街、杉行街、打棕街、鴨母寮街等。鴨母寮曾經有一條河流叫德慶溪，河邊有養鴨場。鴨母寮市場裡有一面牆壁，畫出當時的風景。

傳統市場是最貼近平民生活的百貨公司。鴨母寮市場北邊裕民街34巷上的攤子販賣各種食材、服裝、化妝品、生活雜貨、還有玩具、棉被等，家庭婦人要的東西什麼都有。飲食方面除了涼麵、黑輪、豆花或青草茶等攤子之外，市場內部也有幾間小吃店，真是五花八門。

電影《媽媽，晚餐吃什麼？》拍出了一青妙、窈姊妹與母親之間的故事，媽媽牽著阿妙的手逛菜市場的畫面讓我印象最深刻。阿妙說：

「我小時候在台灣生活的記憶，還有媽媽的回憶最多的地方就是這樣的傳統市場。是台北東門市場，幾乎每天都會去。那裡現在不是以前的樣子，但是有一次來台南時去鴨母寮市場或水仙宮市場看看，發現這裡跟我小時候的印象一模一樣。最像的是來買東西的人。穿著輕鬆的衣服，手上提著籃子或購物袋，就是這個樣子。」今天阿妙也沒有化妝，

拿著陽傘和包包，和周邊的氛圍融洽在一起。

很多來台南旅遊的日本人會說：「這裡讓我很放鬆。」我想那種感受的一部分來自於在地人的外貌及溫和的口氣。女生出門不用化妝，男生穿藍白拖跟鬆鬆的短褲，這樣子在我故鄉東京是不可能出現的。到底哪一邊的人比較懂得享受生活？

傳統市場都會有銅板美食，我愛去吃水仙宮市場的麵條王海產麵、鴨母寮市場的話就是炭火麵。從裕民街34巷旁邊的小路走進市場的建築，就會進到一個奇特的空間，天花板很高，但是很暗，地上像鐘乳洞般的溼，柱子跟天花板都變成黑褐色，最裡面有一群人在吃麵，這裡就是炭火麵店。食材都是用炭火爐煮，一碗麵散發濃郁的炭香。淋了數滴自製辣醬，風味就加倍。不管乾麵或湯麵都有放肉燥、山蘇、芥菜、韭菜等佐料，分量夠多。如果還要加點東西的話，可以跟隔壁的阿嬤點小捲、豬肉片、木耳、花椰菜等。每一種食材都很新鮮，不愧為菜市場。

魚販的攤子上，很多虱目魚的頭立起來整齊地排列，這個景象也滿奇特。當然也有賣鴨肉的攤販，還有經營一甲子的無名當歸鴨麵線店。

市場旁的阿婆布丁是以巨無霸布丁出名的店，在同一條巷子上還有一個有趣的攤子，每一個季節都賣不同的東西。例如清明節賣春捲，冬至賣湯圓，冬天賣蚵嗲等。這天賣的是春捲，身材高的老先生拿著一塊麵團，邊旋轉邊塗在三台圓形烤盤上，再來老太太把它攤平。另一位老太太再把肉絲、花生粉、炒蛋絲、高麗菜等佐料用剛烤好的麵皮包起來。這家的口味不會太甜，麵皮很有彈性，在現場馬上吃最美味。

地址
——
北區成功路148號

營業時間
——
早市

無名豆花

無名的店往往很有名。府前路的無名羊肉湯、北忠街的無名豆花等都是客人絡繹不絕的名店。但這兩家的「無名」其實已經變成店名，無名豆花旗艦店的招牌字印在黃色遮陽帆布上，又紅又大，非常顯眼。

店面是一棟住宅的騎樓部分，雖然位子不多，但是總會有客人的身影，兩三位阿姨們忙著工作，工作台其實是以前在路邊賣豆花時用的推車，後來坐落在這個地方，已經做了超過一甲子，現在祀典武廟對面也有一家分店。

我們坐下紅椅頭看牆壁上貼的菜單，除了原味的傳統豆花之外也可以選紅豆、珍珠、檸檬、金桔、草莓醬、椰果、土豆、巧克力、熱薑汁等各種加料的，都很平價。冬季還有提供熱豆花。

點完不到一分鐘，阿姨把豆花端過來。如果下午或晚上肚子有點餓或許想吃點甜的東西時，附近有個地方賣好吃的甜品，你的生活充實得很。

阿妙把嘴唇噘起來吹一吹，銀匙上的一塊熱豆花在發抖。

「我小時候豆花都是溫的，每天早上會有一位老先生拉著一台像這樣的攤車來到我們家附近。我每天都會很期待，看到他就拿起碗過去，跟他說：『阿伯，我要一碗！』他打開蓋子的瞬間，熱蒸汽從銀色的鍋子裡冒出來。那個豆花完全沒有調味，香氣很濃郁。」

「連糖都沒加喔，帶回家之後怎麼吃？」我疑惑地問。

「會直接吃，也會倒媽媽調的蜂蜜水或糖水。因為很濃，有點直接吃黃豆的感覺。雖然最近較多的是口感像布丁般很滑溜的豆花，或許香氣很清淡的豆花，但我喜歡的就是舌感粗糙，豆香味很濃的那種古早味。我尋找那個味道很久，第一次吃了這裡的豆花，就覺得跟我心目中的味道非常相似。」

我也吃了一口熱豆花，真是在吃固體豆漿的感覺。

「雖然它的名字是熱豆花，但是客人要開始吃的時候溫度已經下降。」我邊吃邊說。

「其實這時的溫度，豆花最會散發黃豆的香氣喔。」阿妙滿足地說。

「可以說，冰的豆花要品嘗清爽的甜味，熱的豆花要品嘗香氣。對了，你跟媽媽自己做過豆花嗎？」我問。

「跟愛玉一樣，搬到日本之後台灣的親戚教我們怎麼做。因為日本難以買到無加工的豆漿，回台灣時買了一台豆漿製造機。順利做出完美的豆花時，我很感動。」阿妙回。

吃完豆花，可以在附近巷弄裡走走。無名豆花旁的崇安街在清治時期叫總爺街，現在還保留許多老屋，其中一棟「連得堂煎餅」是日本大正時期跟日籍西式甜點廚師學習的蔡兄弟開的餅乾店，雞蛋煎餅的包裝袋上印有「高級食品」的毛筆字型，又紅又粗，跟無名豆花的招牌一樣非常顯眼。我看到這種主張性很強的漢字廣告，就會感受設計的古早味。

地址

北區北忠街176號

營業時間

09:00-17:30（週二公休）

南門路 豬腳飯

「對於我而言，滷豬腳是所有台灣料理的象徵，我非常愛吃媽媽滷的豬腳。我十一歲時離開台北搬到東京，那個年代日本的肉店都沒有賣豬腳，媽媽要找很久才能買到。但是有一次，我在學校裡打開便當盒，被同學們用奇異的眼光注視裡面的豬腳，他們覺得噁心，我臉都羞紅了。從此以後，我的便當裡沒有出現過台灣菜，害羞的感覺勝過於嗜好。」阿妙說。

在少女妙的心中，豬腳代表的不只是台灣料理，也代表台灣生活的回憶，還有媽媽對她的愛心。被同學們天真的否定之後，在她的便當裡消失了台灣，似乎切斷了自己與台灣的紐帶。

孔廟對面有一家無名豬腳飯店，兩位身量大的兄弟和媽媽一起經營，哥哥說他們以前在這裡開過民俗藝品，二〇〇八年轉變成豬腳飯專賣店。店裡擺放幾個原木老家具，牆壁上也擺著舊硬幣及台南老照

片，散發濃濃的古早味。

上午十一點，剛好開店時間與阿妙來到這裡，目的就是限量提供的「豬腳中段飯」。老闆說有時候開店不到十五分鐘就賣完。我們除了中段飯之外還點了腳蹄飯、單點滷軟骨、滷鴨蛋和豆包湯。

這家的豬腳也是他們媽媽的拿手菜，咖啡色的厚皮很有光澤，咬了一口，非常嫩且有足夠的彈性。老闆告訴我們，豬腳滷完後要浸漬一個晚上，再滷一次，在冰箱裡放涼……等等處理過程，聽起來很費工。

豬腳旁還還有一塊滿大的滷油豆腐、筍乾、梅乾菜。阿妙說：

「筍乾也常出現在小時候的餐桌上。媽媽買鹽醃的半乾竹筍回來，一天或兩天一直浸水把鹽分去掉。我開始自己煮飯之後，才體會到她的辛苦。」

「連一個筍乾也不可輕視呢。我喜歡這個梅乾菜，有點像日本九州名產的『高

菜漬』，梅乾菜和高菜漬都是用芥菜去發酵醃製的。九州人吃豚骨拉麵時會配高菜漬，台灣人吃豬腳飯時配梅乾菜，可能是因為會消除嘴巴裡的腥味和油膩。」我回。

至於滷鴨蛋，我問了老闆為什麼用的不是雞蛋，而是鴨蛋？

「鴨蛋的口感跟香氣都比雞蛋更好，要吃就要吃好吃的！」老闆自信地說。

簡單的回覆，卻很有說服力。一個大盛豬腳飯，加上一顆大鴨蛋，看來很有威力，價格也不貴。雖然店位於觀光區，不過客人大多是在地人，其中有一位是開一家咖哩飯餐廳JuJu的大西先生，他每個禮拜至少來吃一次。

從便當事件過了二十幾年，阿妙開始寫書，在《我的箱子》或《日本媽媽的臺菜物語》中寫下父母親的故事，當然也有提到豬腳的滋味。兩本書在日本與台灣兩邊都很受歡迎，而且改編成一部日本電影《媽媽，晚餐吃什麼？》。

那條曾經斷掉的紐帶，阿妙許多年都藏在口袋裡，這次將文筆化為一支縫針，終於重新打好結了。

地址

中西區南門路41號

營業時間

11:00-14:00
17:00-20:00（週一公休）

電話

06-2213455

宮後街愛玉冰

早上八點的水仙宮市場已經熱鬧到就像舉辦祭典，但是旁邊的國華街好像還在剛睡醒的樣子。走進一條小巷子叫宮後街，有一群人圍著一個遮陽傘站著。傘下一對中年夫妻站在攤子前，將愛玉及各種佐料盛到陶瓷碗，插支鐵湯匙，陸陸續續地端給客人，他們的手動作迅速到就像拳術家。客人們站在路邊默默地吃。外帶的話，老闆會把全部的料放在塑膠袋裡，插一支粗吸管，是早上散步的好陪伴。

美麗琥珀色的愛玉凍，在八寶冰店只是個配角，但是在這裡就是屹立不搖的主角。而且配角們也都很出色，馥郁的杏仁凍、大塊的粉粿，QQ滑溜的珍珠，自製的紅糖水和剉冰，他們在嘴巴裡上演精采的戲。但是有些佐料在營業中會售完，建議儘量早點去。

趁著排隊人群消失的時候我跟老闆說話。

「你們的愛玉都是開店前做的嗎？」
「對啊，早上四點開始做，七點開始賣，中午之前都會賣完。」
「開店幾年了？」
「七十五年。」
「欸!?」
「不相信嗎？我是第三代的。」
「沒有，我只是很驚訝。對了，愛玉是哪裡產的？」
「阿里山。我都跟那位先生買的。」老闆指向一位先生，他沒有名片，可能只有跟熟悉的人做交易。
對於十一歲時離開台灣搬到日本的阿妙而言，愛玉跟豆花都是充滿小時候記憶的甜品。
「愛玉是自從我搬去日本至今，最常自己做的台灣食物，家裡的冷凍庫裡常備愛玉子。」阿妙說。
「做愛玉凍不簡單，我以前在屏東霧台買愛玉子的時候老闆給我一張說明書，寫得非常仔細，但我依照它做，結果還是不理想。」我說。
「我一開始也看著姑姑幫我寫的食譜，跟媽媽一起怯怯地做。抓不到水和種子剛好的比例，經歷多次試做，漸漸地掌握要領。」原來我和阿妙都有一樣的失敗經驗。
「小時候怎麼吃愛玉？」我問。
「從學校回來時，會加蜂蜜水或檸檬，偶爾也會加米苔目，當作下午點心吃。珍珠的話，那個時候很少看過。」

地址

宮後街和民權路路口

營業時間

07:00～售完（不固定公休）

我想所有台灣的甜品中最持有代表性的就是愛玉。因為愛玉凍的原料愛玉子是台灣特有的藤本植物，分布於海拔一千兩百公尺以上的山區。根據《台灣通史．農業志》，道光初年從福建同安來的商人在嘉義山中偶然看到水面成凍的小溪，發現愛玉子落在水裡，他把愛玉子帶回去試做，後來他的女兒開始賣，女兒名字叫愛玉，這是愛玉的由來。

有趣的是，在日治時期雜誌《民俗台灣》一九四一年十一月刊上記載：「約十五年前在東京流行的愛玉子，現在幾乎都看不到了。」代表一九二〇年代，已經很多日本人吃過這個台灣特產。後來愛玉在日本幾乎不見了，但是東京谷中有一間店「愛玉子」，一九三四年創業到現在一直提供愛玉系列甜品。

金曲歌王的台南
謝銘祐

Ming - Yu Hsieh's
TAINAN

生於南投，五歲時移居到台南安平。外公是廟公，從小就接觸許多在地故事。退伍後當音樂製作人，寫過兩千多首歌給知名歌手。二〇〇〇年離開台北的樂壇，返鄉尋找自己想要的音樂。二〇〇五年成立「麵包車樂團」至今巡迴全台社服機構，辦過一千多場義唱會。二〇一三年以台南的故事為主題的專輯《台南》得了金曲獎最佳台語專輯獎、最佳台語男歌手獎。同年發起「南吼音樂季」，會在活動現場親自切西瓜發給觀眾們吃，是最親民的台語歌王。

安平天后宮

九月某天清晨六點，在丸奇號烏魚子店門口與黑哥見面。黑哥邊帶我們夫妻走進老宅聚落巷弄，邊說：

「四百年前，安平跟紐約都是荷蘭人在同一個時間建立的。街道名稱幾乎都一樣，這條巷子曾經叫『百老匯』，然後安平老街叫『華爾街』。」

紅磚牆配紅瓦屋頂的閩南式建築林立，也會看到老古石砌成的外牆，路邊的阿嬤們正在處理牡蠣殼，這座海邊的老小鎮居然曾是跟紐約一樣的地位！

過一會兒，我們走到了安平港。許多小漁船停泊著，一陣涼爽的風吹過來，我伸展雙臂深呼吸。

「安平有兩個時間適合散步，一個是清晨，一個是傍晚太陽快要下山的時候，整個城會呈現橘紅色，因為這邊大部分都是紅牆。荷蘭人在安平原本有蓋一個較小的城堡叫奧倫治城，就是Orange。如果安平古堡以後叫柑仔城，我覺得很好聽。」黑哥說。

我們在港邊的「阿美鮮魚湯」老店吃了螃蟹粥，海產粥，蝦捲和生魚片。招牌限量野生螃蟹粥，碗裡放了整隻紅蟳，粥裡的蟹膏很有海鮮的甜味，而且價格都不貴。滿足了胃口，黑哥就說：

「現在我帶你們去天后宮，因為我外公以前是裡面的廟公，對我來講記憶最多。在安平，故事最多的也是天后宮。」

安平開台天后宮是安平的信仰中心，除了三尊媽祖之外，蔡宗昇廳長講的石將軍（參照〈兌悅門〉）也在裡面。每到假日，廟埕會出現許多攤販，氣氛非常熱鬧。快到端午節的時候，幾十艘龍舟擺在廟埕辦儀式。

「咦？我們怎麼背對著天后宮的方向走呢？」我問。

「我要讓你們看另一個地方。」

然後我們來到了石門國小後面，有一塊大石頭，刻著「原天妃宮遺址」的字。

「天后宮以前叫做天妃宮，可能是在台灣最早拜媽祖的一間廟。原本祭拜的三尊媽祖神像聽說是鄭成功從湄洲島搶來的。後來湄洲人來要求把媽祖歸還。雙方用擲筊問媽祖，大媽跟二媽都有出現一百次聖筊，就決定回去。三媽也一直筊到九十九次，可是最後一個筊突然彈起來，彈到屋樑上。代表三媽不想走，就決定留在安平。現在天后宮的大媽就是祂。」黑哥說。

「我一直覺得天后宮的大媽怎麼較小，原來是鄭成功帶來的三媽。但是天妃宮為什麼後來不見了？」

「一八九五年日本軍隊來要接收這邊的時候，劉永福帶領的黑旗軍抵抗，死了很多人。日方有點是殺雞儆猴的目的，把這些黑旗軍士兵的屍體全部都丟在天妃宮裡，在地人再也不敢進來天妃宮了，荒廢了很久很久。」

我無話可說。我一直很喜歡這座悠閒寧靜的安平小鎮，可是沒想到曾經發生過那麼淒慘的事件，而且是日本人害的。我了解得太少，幸好今天黑哥跟我分享了許多在書本裡面看不到的秘史。安平是個故事的寶庫。

地址

安平區國勝路33號

身穿花紅長洋裝，風吹金髮思情郎……

德記洋行（安平樹屋）

一九五二年的台語歌〈安平追想曲〉是以流傳在台南的民間故事「金小姐」為主題。黑哥也有創作一首歌叫「金小姐」。

故事大概是如此：一八五八年清國簽訂天津條約之後，安平港開放給外國通商。因此十九世紀後半期，安平有五大洋行，許多外國商人跟漢人做貿易。其中有一個荷蘭人船醫和在地女孩談戀愛，女孩懷孕了，可是情郎離開安平再也不回來。她生下來的女兒長大之後也跟外國人談戀愛，可是情郎又離開了安平。

黑哥先帶我們來到東興洋行前面，有一座金小姐母女的雕像。她們都穿著洋裝，用悲傷的眼神望著海的方向。

「以現在安平人的角度，我很討厭這一座雕像。她們死後還做個雕像在這邊等，太可憐了。」黑哥講完就上了摩托車，騎到英

商德記洋行。

這棟建築的特色是純白的外牆和迴廊拱門，感覺通風良好、清淨、舒爽。安平曾經有很多風獅爺，這裡有一隻金色風見雞站在屋頂上。室內是歷史資料館，陳列著十九世紀安平的老照片、烏龍茶的廣告，鹿皮等等。當時台灣主要輸出品是糖、樟腦和茶葉，主要輸入品則是鴉片。因此鴉片吸食者驟增。一八九五年日本領台以後，日政府宣傳鴉片危害，但沒有禁止。日政府實施專賣制度，加上安平港一直淤積，使洋行紛紛關閉，一九一一年德記洋行安平據點也結束營業。

白天還是陰陰暗暗的安平樹屋，以前是德記洋行的倉庫群，位置在漂亮的德記洋行隔壁。光與黑融合在一起，是這裡的特色。很多外國商人跟漢人在街上交易，很多苦力把貨搬來搬去，這種熱鬧的氣氛屬於光的一面，但是鴉片會傷害台灣居民，這是黑的一面。

倉庫的紅磚牆據說是從熱蘭遮城拿來的。後來荒廢許久，被粗細交錯如血管的榕樹根漸漸地覆蓋，走在這裡有一種探險密林裡的古代遺跡的感覺。尤其是從空中木棧道上看見整個樣貌的時候，就會感受到榕樹無盡的生命力。

「我小時候常來這邊玩。這條路啊，其實是古運河。為了這些洋行，開了一條運河進來。我在猜測，金小姐和他的媽媽搞不好都是在這邊跟情郎幽會的。為什麼呢，英國的船隊都會請荷蘭的船醫。碼頭在這邊嘛，然後樹屋在這邊，倉庫嘛，幽會應該是這裡附近。那個時候跟外國人交往是不能被認同的。」

黑哥講的這些話很有現實感，聽著聽著就在腦海中浮起當時的畫面。黑哥還有說，從荷蘭時期、洋行時期、美軍進駐期，安平一直有很多外國人，包括現在的觀光客。所以有很多異國戀情，有很多混血兒。安平其實有很多金小姐。

地址
安平區
古堡街108號

開放時間
08:30-17:30
（週一公休）

門票
50元

丸奇號烏魚子

丸奇號是一家手工日曬烏魚子店。如果冬天抬頭看屋頂平台，就會看到幾塊長木板，有好多烏魚子在上面曬太陽。雖然烏魚子冷凍就可以放一年以上，但是他們堅持只有十一月下旬到農曆過年期間售賣。店裡擺的烏魚子不管是養殖或野生，都是幾個月前還在游泳的。

一樓為販賣區及工作室，後面院子有漂亮的大鄧伯枝葉藤棚，還有一條鞦韆。室內戶外都有擺放堆砌著許多陶藝品。

「坐坐，喝個茶！」開朗又好客的老闆娘小燕打開火爐，拿起一片烏魚子，用熟練的動作剝皮，稍微烤一烤，再來用刀子切成薄片，在小盤子上擺得很美。

「這個爐台也是阿祥做的。」小燕指的爐台有四個表情有點可怕的怪物。

「你知道『憨番』嗎？他們被懲罰在廟裡扛著木梁。這個也是，會說謊的皮諾丘（Pinocchio）和聖經裡的墮落天使等被火焰懲罰。」平常滿寡言的阿祥解釋給我們。

「但是一年只有罰三個月而已吧？」

「對啊，反正他們犯的錯也沒那麼嚴重。」聽阿祥這樣講，我們笑了。

講到阿祥，黑哥曾經說：

「安平人講的台語口音很重，因此阿祥小時候被欺負，但是安平腔是台灣最早期的台語，安平人應該為自己的口音驕傲。」

於是每年設計的南吼音樂季T恤上，都會用大大的字寫著「我有安平腔」。

金黃色的養殖烏魚子像琥珀，因為被壓過所以切斷面很滑膩。烤過的香氣會更濃郁，咬了小小的一口，嘴巴裡充滿天然的海味。舌感很滑溜又很嫩、因為鹹味沒有像日本的烏魚子那麼重，一吃就一直想吃。野生的香氣比養殖更濃郁。

二〇一三年冬天，我去參觀工作室。阿祥正在用綿繩綁烏魚卵，我厚臉皮的問他：可不可以讓我試做？他說：好啊，如果是朋友的話什麼都可以，如果不是朋友的話什麼都不行。但其實這時我們剛認識而已，他居然把我當作朋友，我就感受到阿祥心中的溫度。

烏魚卵的皮非常薄，一碰到就會破裂，裡面的卵溢出來。阿祥幫我把白色的豬腸像ＯＫ绷般的貼在裂口上。「要不要繼續練習？」「不敢，這樣就夠了，謝謝。」

接下來把烏魚子用鹽醃漬，清洗，再來把它放在檜木上曬太陽。每一小時都要翻過來，過了十天到兩週就會完成。冬天全家都沒空休息，但是春天到秋天都是自由的。「這段期間做什麼？」「生活啊。照顧草花、照顧小孩、捏陶藝等。錢可以養家人就好了嘛。」小燕說。

阿祥、小燕夫妻的工作跟生活風格都像是藝術家，他們以海洋恩賜的烏魚為素材，製作的作品就是新鮮美味的烏魚子。

地址

安平區平生路67號

營業時間

冬季07:30-18:00（營業時間不固定，建議先電話確認）

電話

06-2281683

札哈木原住民公園

台南運河上最靠海的橋樑叫安億橋。在弧形的橋上可以眺望安平港，很多漁船停泊在港邊，還有幾條風箏飄在天空中。黑哥騎機車從北邊的舊市區進來安億橋，南邊的左手邊則是札哈木公園。小廣場有一棟草屋，黑哥指著它說：

「它叫庫巴，鄒族男人們討論事情的地方。」

「鄒族不是住在阿里山的原住民嗎？」

「是的，這一塊地方曾經也有南鄒族的部落。然後安平沙洲上有個西拉雅族部落叫Taioan，後來漢人進到這裡，把它叫做大員，清朝時代設台灣縣。所以安平是台灣這個地名的由來。另外赤崁樓的赤崁來自於西拉雅語的Saccam，是小漁村的意思。西拉雅人原本是個很親水的民族，他們很多是住在海邊的，澎湖、高雄也有Saccam的地名。他們的拜拜也是藉由水跟祖靈阿立祖溝通。但是原住民後來被荷蘭人跟漢人趕走，西拉雅

人被趕到新化、左鎮等以前不好生活的地方。現在住在那邊的西拉雅人，到現在每年都回到安平取祭拜用的水。」

二〇一三年在這裡舉辦第一屆南吼音樂季的時候，第一個節目就是邀請西拉雅族小朋友們打扮成水鹿舞蹈，原來那個演出有這樣的歷史背景。

札哈木公園除了每年十月的南吼音樂季之外，常常舉辦市集、工藝品DIY、音樂舞蹈表演等跟原住民文化有關的活動。原住民會館裡有展覽空間，除了常設展示各原住民族的衣服或生活用品之外，也會舉辦比較大型的藝術品特展。可以說札哈木公園是在台南傳播原住民文化的中心地。

運河南邊，札哈木公園往台南市區的一塊區域是好幾棟大樓林立的新興住宅區。

「這些高樓大廈，以前都是魚塭。我小時候，會跟著朋友的爸爸媽媽一起來這邊，這裡有他們家的魚塭，養虱目魚、吳郭魚、

地址

安平區安億路472號

蝦子、都有。我們撈一些魚，回家煮。」黑哥說。

「那時候的黑哥一定是個很頑皮的小孩子。」

「我以前超愛玩，又怕玩的是捉迷藏。那個時代，每一家門都不會關的。因為大家都很熟。不知道玩伴躲在哪一戶家裡，在找的過程很累啊，要找很久很久，幾乎找不到。但是很喜歡在安平玩。那時候沒有那麼多人，很多都是親戚，隔壁都很熟，在安平的巷弄裡跑來跑去，玩各種遊戲。現在都不可能了。」

記得小時候，我的同學們下課後常常在公園裡踢足球或打棒球。至於喜歡獨自玩耍的我常常到草地、河邊或樹林觀察各種蟲類。多啦A夢裡的小朋友們也常常在放著水泥管的空地玩。小朋友需要那種不屬於學校，也不會被大人管理的空間。公園也是其中一種，如果我小時候家附近有札哈木公園，會覺得滿好玩的。

南吼音樂季

南吼音樂季是由黑哥二〇一三年發起，一群愛玩的夥伴們共同舉辦的祭典。每年夏天期間在安平的各個廟埕舉辦幾場小南吼音樂會，然後國曆十月第一個星期六在札哈木公園舉辦盛大的音樂會一整天。曾經演出的人除了黑哥帶領的麵包車樂團之外，大竹研、農村武裝青年、卑南族歌手桑布伊、客家歌手陳永淘與米莎等，具有多元性。

對於我而言印象最深刻的是第一屆起先的節目。東山國小西拉雅族小朋友們打扮成水鹿而跳舞，非常可愛。接著日本朋友Meena演出印度古典舞蹈Odissi，然後我彈著三線唱了沖繩民謠。觀眾們或坐或躺在草地上吹著海風，各自度過悠閒的時間，每年都會不期而遇好幾個朋友，就像是同學會，不愧是口號「讓離鄉的人有個回家的理由」。越晚人越多，最後麵包車樂團上台演奏〈五條港邊〉、〈戀戀大員〉等屬於台南歌曲的時候，黑哥的歌聲深深地打動大家的心。

志工團體又稱「南吼小組」，成員包括丸奇號烏魚子老闆阿祥、小燕夫妻和蔡宗昇廳長。當初大家都對音樂會沒有概念，他們要做的事情卻很多，例如製作海報或出版物、製作周邊商品、宣傳活動、跟安平居民交涉，和會場的布置、管理、收拾作業等。志工之間會培養友誼，甚至是愛情，陳友志在小南吼現場向詹雅炘求婚，後來在四草活動中心舉辦婚禮。

南吼音樂季不只是個音樂活動，它會讓你認識新朋友，也會讓你更了解安平。黑哥說：

「辦南吼最重要的是，讓大家重新認識安平。安平不是只有劍獅或蝦捲，安平有好多東西，是大家都放在旁邊忘掉了。我們辦活動的過程中告訴你安平是怎麼來的，讓安平人應該可以滿驕傲的。」

風獅爺復育計畫，也是南吼重要的活動之一。「其實安平風獅爺比劍獅更重要。劍獅比較像門牌號碼而已，風獅爺是神，要拜的。」黑哥這樣說。聽說安平曾經有很多風獅爺站在民宅屋脊上，祂會張開嘴巴，把風煞吃掉。可是現在看得見的僅僅幾尊而已，很可惜，於是安平陶藝家吳其錚和夥伴們從南吼第一年開始連續四年創作了許多不同風格的風獅爺，現在我們散步安平時就會容易見到祂們。我在其錚指導之下做的漩渦風獅爺，也站在三靈殿對面的老房子上。

順帶一提，「南吼」是什麼？黑哥說：

「媽祖生日過後一個月，巴士海峽開始吹南風，南風一轉到安平的時候，會產生一個很低的風聲，像這樣：蛤——阿——阿——，這是不會停的。這個南風跟海浪加在一起的聲音，叫做南吼。只有安平到四草那邊才聽得到。」

南吼是在安平亙古至今一直存在，一直守護安平的自然現象。希望南吼音樂季也會永遠持續下去，如同划龍舟或安平海的風聲。

大洞製作的風獅爺

演員的台南
大久保麻梨子

Mariko Okubo's
TAINAN

攝影◎蔡宗昇

演員、台日文化專欄作家、主持人。日本長崎出生，現居台北。十八歲出道，經常登上日本電視綜合節目及電視劇。二〇一〇年來台灣旅行後迷上台灣，同年移居台北，從零開始學習中文。隔年起在台灣演藝界發展，二〇一三年獲得金鐘獎迷你劇集女配角獎。二〇一六年結婚，成為台灣媳婦。作品有電影《血觀音》、《澤水困》，電視劇《愛情替聲》、《幸福不二家》，舞台劇《時光の手箱》，主持節目《魅力妻In Taiwan》等。致力成為台日文化的橋樑。

十八卯茶屋

位於吳園公會堂旁的十八卯茶屋，是一棟從日治時期留下來的木造建築。市政府修復之後葉東泰先生二〇一二年接手，經營台灣茶館。一樓為用餐空間，擺放著原木餐桌、籐椅、插花和書法等，氛圍很溫馨文雅。櫃台旁展售烏龍、鐵觀音、四季春等茶包，包裝上有台南古蹟、神明等耐人尋味的插畫。二樓有榻榻米的和室，經常舉辦藝術品展覽。

麻梨子四年前來過，葉大哥和藹的微笑跟泡茶的功夫讓她留下深刻印象，今天還是露出一樣的笑容迎接我們，還有蔡廳長以及剛參加全美戲院手繪看板工作坊的佐佐木千繪母女也一起來用餐。

我們吃蘭葉麵，這是一種訂做的關廟麵，紫色跟綠色混在一起，是地瓜、蘭葉及抹茶的顏色。搭配幾種蔬菜和葉太太自製的番茄醬，味道醇厚，也很養生。

鬆餅、椪餅冰淇淋等茶點也很美味，然

而這裡的主角就是茶。客人可以借來一套茶具自己泡茶，霜乳奶茶也很知名，但最有趣的是「雙杯品」。有兩個杯子，都是比日本人喝茶用的「湯吞」更大。把茶倒入聞香杯後，用另一個茶杯蓋住杯口，翻轉後掀開，就可以同時享用喝茶跟聞香。葉大哥說：

「這個可能是世界上最大的聞香杯。喝茶要很多道具，年輕人比較不習慣。如果你把它倒過來就可以聞香，很簡單。」

我們邊吃邊聽葉大哥講故事：

「這裡原本是日本廚師柳下甚藏先生開的『柳下食堂』，一九一八年開業，跟公會堂後面加蓋的集會堂同一年。這裡跟公會堂是互相依存的關係，公會堂一年舉辦超過三百四十場的活動，結束後大家來這裡聚餐，或許訂幕之內便當吃。所以生意非常好。」

門口旁邊有一棵柳樹，是二〇一八年秋天舉辦慶祝建築一百年活動時，創辦人的曾

孫女柳下昌子女士特意從橫濱來台種下的。八十幾歲的第三代柳下忠夫先生感激地說：「我六歲時離開這棟房子，沒想到至今保留的這麼漂亮，好感動，也非常感謝！」

麻梨子把自己的芒果切片給佐佐木的女兒吃，媽媽拿出紙筆，幫她畫一幅似顏繪，僅僅二、三分鐘就完成。

「好可愛喔！……能不能再請你畫我先生的？」

「沒問題！」佐佐木看著手機裡的照片，馬上畫出來，麻梨子開心極了。十八卯茶屋天天發生這樣溫暖的交流。

「四年前是因為來拍攝日本電視節目，匆匆忙忙的。這次終於可以跟葉大哥好好聊天，真的很高興。他都用輕鬆聊天的方式，很自然的告訴我台南以前的樣子。想一直聽他說故事。以後有機會，我想再拜訪葉大哥，請教台灣歷史！」麻梨子說。

葉大哥天天接待愛喝茶的客人或從各國遠道而來的旅客，他與蔡宗昇廳長其實是國中同學。現在他們倆都成為歡迎旅人的一座台南城門。

地址

中西區民權路2段30號

營業時間

10:00-18:00（週一公休）

電話

06-2211218

國立台灣文學館

從十八卯茶屋走一會兒，走到楊德章紀念公園。我跟麻梨子說：

「這個圓環是七條馬路的起點，可說是台南的心臟。日治時期的官署都集中在這一塊，像台南州廳、會議廳、警察署、消防局、測候所等。這些古蹟這幾年一個一個修復起來，戰後被改過顏色的警察署和消防局也回復了原本的外貌。」

「那棟很壯麗的建築，我記得之前有看過，但是不知道裡面是什麼。」

「那是國立台灣文學館，原本的台南州廳。當時的台南州包含嘉義和雲林，範圍很大。擔任設計的森山松之助拜設計東京車站的辰野金吾為師，風格有沒有很像？紅磚跟白色大理石的牆壁、圓頂、上下開合的窗戶等。」我說。

「的確滿像的。」

「建造年也很接近，東京車站是一九一四年，這棟則是一九一六年。」

聊著聊著走到門口，我指著頭上的樹說：

「那些紅色的花，就是鳳凰花。」

剛才在十八卯，葉大哥唱一首他寫的詩給我們聽。「鳳凰花啊，鳳凰花，人出日頭，汝出花，熱人市內，若著火，毋知涼仔，陀位揣……」此時，蔡廳長彎下腰來拾起一朵鳳凰花說：

「大洞知道鳳凰蝴蝶嗎？我小時候這樣玩過。」

他把花朵分解後一片一片擺在手掌上，花瓣變成翅膀，花蕊變成觸角，花萼變成軀體，馬上完成了一隻紅蝴蝶。我跟麻梨子都很驚豔，那時我們看著蝴蝶的眼神，可能猶如少女漫畫般的閃亮大眼睛。

櫃台提供各種語言的介紹手冊及語音導覽。入口右側有「兒童文學書房」，讓小孩們在明朗又可愛的房間裡閱讀世界各國的文學作品。從入口直走，就到寬敞的大廳，V字型的

攝影◎蔡宗昇

攝影◎蔡宗昇

紅磚牆很壯觀。這棟建築曾經在二次大戰時遭遇美軍轟炸，嚴重損毀，但是修復得很完美。

麻梨子摸著古色磚牆想像一百年的時光，說：

「新加蓋的屋頂或柱子都很自然地與原本的結構融合在一起，很棒，這裡的氛圍很適合學歷史和文學。」

「也可以學許多原住民文化。你看，那艘是蘭嶼的原住民Tao族的傳統舟，名叫Tatala。當地作家夏曼．藍波安老師親手製作的。」我說。

開設兒童文學書房，以及把Tatala擺在大廳，都是第一任館長林瑞明教授的構想。林教授也是詩人，筆名叫林梵，生前經常穿著原住民刺繡花樣背心逍遙府城。

大廳下有一間圖書室，採光明亮，飄搖著書與原木的氣味。除了閱讀書本之外，也可以觀看許多珍貴的台灣紀錄片或電影。

常設展「台灣文學的內在世界」裡陳列著賴和、龍瑛宗、葉石濤等作家的手稿。日文的手稿不一定是日治時期寫的，例如葉步月《七色之心》手稿，這是一九〇七年出生的作者在一九六〇年代寫的一篇日文小說。薄薄的一張紙，訴說著受過日本教育的作家戰後面對的苦惱。

攝影◎蔡宗昇

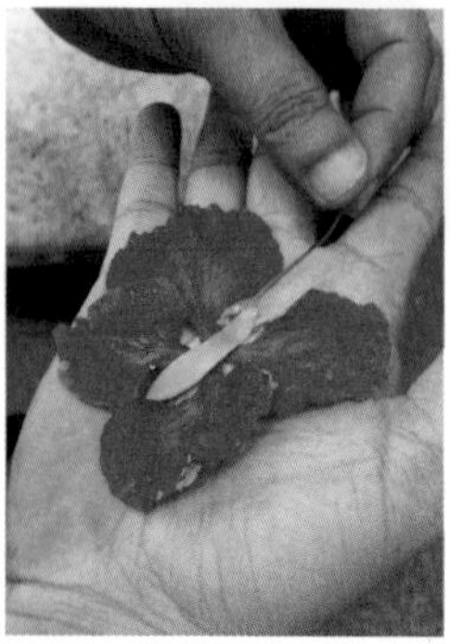

地址

中西區中正路1號

開放時間

09:00-18:00（週一公休）

網址

https://www.nmtl.gov.tw/

艸祭 book inn

二〇〇八年坐落在孔廟對面一棟老房子的草祭二手書店，曾經是台南最美麗的獨立書店。二〇一七年春天宣布熄燈時，我覺得很可惜。但過了不久，聽到台南市民宿協會理事長，也是老屋台菜餐廳「筑馨居」老闆周榮棠先生接手，要把書店改造成住宿空間的消息。之後有一段期間，我騎機車經過時常看到勇哥（周先生的綽號）穿著汗溼的T-shirt，在討論、監工或自己施工的樣子。直到年底，背包客棧「艸祭Book inn」終於開業。

用透明玻璃當外牆，所以客廳很明亮。我們跟著勇哥，踏上芝麻般的黑白磨石子，走進兩排三公尺高的書櫃之間的走廊。

「哇，好漂亮喔！」

進到最深處的閱讀空間時，麻梨子不由得發出讚嘆聲。腳下是透過縱橫交錯的鋼筋可以看透的地下室，還有一架從地下室立起來的六公尺長木梯子，靠著像城牆般高的書櫃。整個牆面都被書塞滿。勇哥說：

「我跟草祭書店老闆蔡先生是好朋友。熄燈的理由並不是經營不善，而是我們要重新創造一個像蔦屋書店般的，會打動世界各地旅人的地方。於是將我和他的專業結合在一起，打造出以『書』與『住』為主題的空間。整棟有五萬本書，這個閱讀區是按照蔡先生的想法規劃，有梯子的書牆跟防空洞都沒有改變，其他設備都是重新做。」

「這個破洞原本是防空洞啊！」麻梨子驚訝地說。

「是，現在做成展覽空間。後面的書牆是用『書住的房子』的概念來設計，一行有十層木櫃，一個木櫃裡的書就是一個家庭。都是用老檜木做的，總共兩百二十個。」

「不是住客也可以進來嗎？」麻梨子問。

攝影◎蔡宗昇

「可以的，我們把一樓都開放給民眾。」

「好棒喔！」

「麻梨子桑看看，這裡有好多小小的鉛字，因為這棟房子最早是印刷廠。我小時候在家裡也有，因為爸爸以前在印刷廠工作過，看到這個就會想起童年。」我說。

勇哥特意讓我們參觀樓上的住宿空間，一排很長的書櫃上有幾個小入口，裡面都有一張床。感覺就像睡在書的森林裡。而且床都是獨立筒的彈簧床墊，附一對耳塞，即使有人打呼嚕也不阻礙睡眠。

浴室也很乾淨，馬桶都裝免治馬桶座。四樓的廚房設備也很完整。做好料理，可以坐在陽台吃。從陽台上可以眺望孔廟、武德殿、台灣文學館及台南美術館二館，四百年的歷史盡收眼底。文雅、乾淨、設備又完整，一晚住費不到千元，真是背包客的樂園。麻梨子看完吐露感想：

「我聽很多藝術家說過，他們都很喜歡台南，我知道為什麼了。台南人很會把既有的東西改造成藝術品，也會享受這個創作過程。藝術家交流的地方也很多。我好像湧出了創造意欲！」

攝影◎蔡宗昇

地址

中西區南門路71號

服務專線

06-2222909

網址

http://www.caoji.com.tw/caiji/

黃火木舊台味冰店

西市場（大菜市）內的「江水號」，是一九三一年黃江水先生創立的八寶冰店，現在由第三代小兒子黃東堯先生接手，繼承傳統味道。我這天帶麻梨子去的是，由第二代黃火木先生與第三代二兒子黃鋕偉先生和妻子方秀芬女士共同經營，以第二代命名的「黃火木舊台味冰店」。位置在海安路旁，店面較大，附近的氣氛也較悠閒。

已退休的火木阿公，這天特意親自招待我們。他用日語跟我們說：

「私は昭和八年生まれ。今、八十六歳。」接著問我們：

「今、昭和何年？」

我說，昭和時期三十年前就結束了，現在是平成，明年會再改元。

台灣在昭和二十年終戰後，外面看得到的「昭和」字都被新的政權消除，七十多年過了，在阿公的心裡，昭和卻仍存在著。

開朗又好客的媳婦方小姐說：

「先幫你們做八寶冰，喜歡什麼料？」

「芋頭！還有綠豆，薏仁……」麻梨子立刻回答說。

料有芋頭泥、綠豆、紅豆、花豆、鳳梨、愛玉、杏仁、仙草、湯圓、粉角、粉粿、薏仁、蓮子，總共十三種。方小姐先盛八種料到碗裡，再刨冰塊，舀紅糖汁。鳳梨冰會再淋上鳳梨汁，芋頭冰會加芋頭汁。

「料都放在碎冰下面，是因為這樣挖來吃，會有一口料，一口冰，一口糖，最平均。」方小姐說。

「你們的芋頭泥真的好好吃喔！我以前在日本藝人渡邊滿里奈寫的台灣旅遊書裡得知

江水號，四年前在市場第一次吃到。雖然我在台北的冰店也會點芋頭泥，但是口感沒有這麼的綿密。」麻梨子說。

「我們大部分的料都是自己煮的。從早上六點開始，做到十二點。都是按照阿公的做法。只有杏仁凍、仙草凍是跟老師傅合作，他們也傳承了第二代，第三代。」方小姐說。

其實，我個人不太喜歡芋頭、綠豆或薏仁的氣味。雖然我和太太常來這裡，可是我的八寶冰裡永遠不會有人人稱讚的這些料。麻梨子好奇地問我，那你要放什麼呢？就是將鳳梨、愛玉、杏仁或湯圓放多一點。

奇怪的，我倒是很喜歡吃黃火木研發的餅乾「芋頭條」、「原味爆薏仁」及「鳳梨脆片」。都不添加化學成分，保留原滋原味原型的蔬果餅乾。我回日本時，也會買幾包送給親人好友。

還有褐色的米糕粥也是我們的必點甜品，太太常買回去放冰箱，當宵夜或是隔天當早餐吃。

「米糕粥裡面有東山產的龍眼乾，花豆跟芋頭。以前只有冬天賣熱的，現在夏天也有賣冰冰涼涼的。夏天很熱，吃不下飯，就選米糕粥。龍眼很補氣，養生。」方小姐說。

我們吃完溫馨的甜品之後，麻梨子說：

「阿公的笑容，非常的甜。第三代夫妻對傳承味道的使命感，令人佩服。他們可能是因為一直看到阿公認真工作的樣子，所以想要延續下去。好感人！」

註

二〇一九年五月一日，年號由「平成」改為「令和」。

地址

中西區海安路三段55號

營業時間

12:00-22:30（週一公休）

電話

06-2262629

網址

http://jsh.vrworld.com.tw/

赤崁樓

赤崁樓是全台灣首選的名勝古跡之一，我九歲的時候也跟著爸爸來過，麻梨子以前也有來過。那麼它的重要性在哪裡？大家看習慣的兩層飛簷閣樓，是清末期一八八九年才蓋的，在台南比它更老的建築有一大堆。雖然它很美，但是最重要的不是建築，而是埋在這塊土地下的一層一層「記憶的地層」。

荷蘭人一六五三年蓋的普羅民遮城雖已不在，但現在的赤崁樓還是故事的寶庫。除了建築之外，石碑、雕塑、神像、匾額、古井，以及陳列的大小文物等等，都是歷史的繩子，如果把它拉過來，幾百年前的情景會浮現在眼前。地名，也是其中一條。

「我們剛才遇到的謝銘祐老師以前告訴我，『赤崁』的發音來自於原住民西拉雅族的言語Saccam，是小漁村的意思。名字告訴我們這裡以前是靠海，西拉雅族居住的地方。直到一六二五年，荷蘭人以十五匹布向他們購買這一帶土地。」我說。

高台基址上有兩棟建築，一棟是海神廟，另一棟是文昌閣。我們繞著建築走，在最深處看見一塊紅磚疊砌的地方。

「那是普羅民遮城的遺跡。為了建設城市，荷蘭人從大陸或東南亞請來大量的移民，甚至也有非洲人。那些一疊疊的磚石，都是跨海來的人做的。」我說。

海神廟一樓有普羅民遮城模型，以及鄭成功的圖畫和銅像。麻梨子看到銅像，興奮地說：

「我跟鄭成功是同鄉人，都是在長崎出生的。長崎平戶也有鄭成功的雕像，但是兩座的臉長得不一樣！」

「台南有很多鄭成功的雕像，都長得不一樣喔。」

文昌閣一樓還有一座銅像，雕的是日治時期最後一任台南市長羽鳥又男先生，是奇美實業許文龍先生捐贈的。羽鳥先生就任市長時，赤崁樓很破舊，搖搖欲墜，因此決意整修。可是剛好深陷在太平洋戰爭的漩渦中，官吏軍方均反對，甚至羽鳥市長還被憲兵隊拘留。但是羽鳥市長最後說服了台灣總督長谷川清，一九四三年開始修建，花費近兩年的時間終於完工。戰爭末期，美軍空襲台南，犧牲了許多市民，也毀了許多建築，但是赤崁樓倖免轟炸。二〇一五年，當年八十四歲的羽鳥直之先生夫妻從橫濱來赤崁樓看父親的銅像，以及看父親寫的「赤崁樓修復工事概要碑」，感慨萬千，做為口譯同行的我也很感動。

赤崁樓最美的是黃昏時段，日治時期畫家小早川篤四郎畫過一幅《夕照的普羅民遮城》，在台南美術館收藏。今日的天空一直被雲彩遮住，但是當我們站在文昌閣樓上的時候，太陽剛好從雲彩之間露出臉來，橘黃色的光灑落在樹林、紅瓦片、飛簷上的裝飾，還有我們的身上。我說：

「三百多年前，可能荷蘭人或鄭成功也在這裡看著落入海裡的夕陽。」

地址

中西區民族路二段212號

開放時間

08:30-21:00

門票

全票50元

羽鳥直之

插畫家的台南

佐佐木千繪

Chie Sasaki's
TAINAN

攝影◎蔡宗昇

居住在神奈川縣。旅遊插畫家。喜歡旅遊、圖畫剪貼、喝啤酒。著作有《子連れ台北》、《子連れソウル》、《ジジ連れ冥土のみやげ旅》這三本都是用許多可愛插畫來描繪出帶著兩個小孩或長輩去台北、首爾及法國旅遊的經驗。似顏繪（頭像速寫）是她的拿手，在台南舉辦日文新書《LOVE台南》分享會時，畫了兩百多位參加者的臉，讓大家開心極了。二〇一九年出版《LOVE台南》中文版（尖端出版）。

● 臉書專頁：http://fb.me/illustratorsasakichie

全美戲院

六塊寬度三點六米，高度五點四米的巨大電影看板，這都是一位手繪電影看板師傅顏振發先生用油漆畫的。極富動感，層次很深。我每次經過時都會欣賞，再來看向對面的停仔腳，顏師傅彎曲著背，把臉靠近畫布，專心畫畫的樣子。

「我十八歲時在延平戲院開始畫看板，雖然有師傅，但是沒有教我什麼，都是看樣學樣。」延平戲院是現今的真善美戲院，前身是日治時期建立的宮古座，門口有一幅宮古座的壁畫，也是顏師傅的作品。

可惜的是手繪看板怎麼美麗，都不會保留下來。刊登結束了把看板拿下來後，用水泥漆覆蓋，重新畫上新的作品，因此看板都很厚重，甚至超過一公分，反覆數十次以上。但是全美戲院將顏師傅過去的作品用數位影像紀錄，做成明信片在櫃台售賣，這其實是隱藏版的台南紀念品。

鐵捲門上貼著跟顏師傅相關的資料，佐

佐木看到其中一幅油畫的照片，知道這是顏師傅業餘時間畫的作品，很驚訝地說：

「顏師傅真的很愛畫畫呢！」

「師傅，有沒有打算畫到幾歲？」我問。

「我右邊的眼睛幾乎看不到了，因為多年一直盯著畫。但是只要眼睛看得到，會一輩子繼續畫畫。」顏師傅瞇著溫柔的眼睛，有力地如此說。另一方面為了培養傳承者，開設「全美今日戲院手繪看板文創研習營」，顏師傅親自授課。佐佐木說：「有一天我也要參加！」

全美戲院的建築樣貌，雖然被巨大的看板遮蔽，較不容易被注意到，但很值得欣賞。是一棟米色的巴洛克式洋樓，牆面上有海馬與蝙蝠等吉祥物的裝飾。我說：

「本來這棟建築是為了開醫院而設計的。但是創辦人歐雲明先生覺得戲院會比醫院更好賺，於是改成了戲院。一九五〇年開幕，當時的名字叫做第一全成戲院。」

我聽第二代經營者吳俊誠先生這樣說，很驚訝，當時的戲院那麼興盛。其實日本也是。根據日本映画製作者連盟的統計，一九五五～一九五九年的電影院入場人數，平均下來一年超過十億人。沒有電視的年代，電影真是娛樂之王。

一九六九年吳經理父親買下戲院，名字改為全美戲院，兩年後改經營為二輪電影院。吳經理從小都在全美長大，也在這裡愛上一位放映師的女兒林淑惠，後來他們結婚，一起經營全美戲院及中正路上的今日戲院到現在。

曾經全台有七百多家戲院，老戲院大部分都被拆除，一部分變成觀光景點。我難以想像他們經營上的辛苦，但是知道他們都熱愛電影，更熱愛彼此。外貌很強壯的吳經理，是個

地址

中西區永福路二段187號

電話

06-2224726

網址

http://www.cm-movie.com.tw/

很浪漫的人。過去有幫客人做求婚活動，也有幫客人用幻燈機透過銀幕告白。全美戲院是全台最浪漫的電影院。

後來，佐佐木和女兒真的從日本來參加手繪看板課程，在顏老師的指導之下畫了四天，完成了有點帶著哀愁的張國榮肖像畫。

插畫©Chie Sasaki

合成帆布行

「台南有各種各樣的路邊工作室，走路時看得到職人正在工作的樣子，是我喜歡散步台南的一個理由。」佐佐木說。

一九五六年開業的合成帆布行的店面也是典型的路邊工作室，中間有幾台很老卻還在使用的縫紉機，工作台上總是有一大堆未做完的帆布商品，木櫃裡陳列著許多展示作品及商品，學生包、手提袋、飲料袋、書衣、筆袋或平板電腦套等等。

佐佐木第一次來這裡的時候，看到一位老婦人坐在路邊默默地作業，她是第一代老闆的太太，佐佐木一直看著她，眼淚流了下來，原來是想起了自己的阿嬤，朋友張乃彰就覺得她是多麼厚感情的人。

我們訪問時他們正在趕著製作三千個手提袋，但是年輕的第三代許晉嘉先生一知道佐佐木難得來這裡，就樂意跟我們說話。

「『一個帆布袋也能為客訂製』是我們家的口號。大家剛開始使用網路的時候，我們就開始網路訂製服務。」

「你們的商品設計都很有特色，是不是有代代秘傳的設計圖？」佐佐木好奇地問。

「沒有，都沒有什麼設計圖。」

「是啊，那麼商品的形狀是誰怎樣決定的？」

「都是邊跟顧客討論，邊一個一個決定形狀、顏色及文字圖案。」

客人也可以參與設計，跟店家一起製作一個作品，這樣的互動，感覺很好玩。我自己想「合成」應該是店家跟顧客合作而製成的意思。

「有時候也自己研發新商品，大部分都是在生活中忽然想到，如果有那樣的東西可能很方便，然後自己做做看。例如飲料杯袋或平板電腦套等。」

「你們的飲料杯袋真方便。二〇一八年起飲料店都開始不提供塑膠袋，很多人需要這個東西。」我說。

「帆布做的東西都很耐用、而且可以洗、觸感也很好。現在越來越需要環保的生活，希望大家在生活中多一點使用帆布製品。」

合成帆布行前身叫「來福帆布行」，創業於日治時期，後來分成三家，合成帆布行、永盛帆布行及志成帆布行。

「但直到現在我們三家依然是同業友好關係，三家各

往不同領域發展，合成則是專注在客製化的服務。彼此間有種默契，不會侵犯別人的領域，也會互相介紹客人。這不只是台南的人情味，也是上一輩長者們留下的精神。」

許先生講的這句話讓我很感動，他們三家雖然是同行業，可是往不一樣的方向發展而生存，還會互相協助。人情及職業精神勝過於競爭原理。我覺得這就是老師傅的想法跟做法，就是「專心」、「低調」且「不貪心」。

地址

中西區中山路45號

營業時間

09:00-21:00（假日到20:00）

電話

06-2224477

網址

http://onebag.com.tw/

插畫©Chie Sasaki

左藤紙藝

薪傳

「以前我在民權路散步的時候，在路邊看到一個用紙做的很華麗的房子。我停下腳步仔細看，一位阿姨給我說明，可是我聽不懂，一直以來很想知道它的意思。」

佐佐木去的地方是東嶽殿隔壁的左藤糊紙店。我約佐佐木一起訪問前先自己去一趟，小小的工作室中間擺設關公神桌，頭上吊著廟燈籠及紙製七娘媽亭，一位留鬍鬚，看起來有點嚴肅的先生坐在門口，他是第五代洪銘宏師傅。

「你想看糊紙的話，剛好明天我兒子要去南投工作，你也可以一起去。」

隔天我坐在第六代洪國霖先生開的車，到了南投配天宮。

「三個禮拜之後這間廟要舉辦建醮普渡，十二年才辦一次的盛大活動，過去三次都跟我們合作。來，我們去看大士爺。」

國霖先生帶我去一棟華麗的洋樓，鐵捲門慢慢地往上，裡面有一尊藍色的紙神像躺著，非常大，從外面只看得到腳，彷彿卡通裡會出現，被容納在秘密基地的巨大機器人。

「用紅紙遮住臉是為了保護嗎？」我問。

「不，是為了防止不好的東西進到神像裡。」

國霖先生特別取下紅紙讓我看大士爺的臉，藍色的皮膚上長紅色的鬍鬚，兩隻大眼睛盯著下面，很有力量和生命感。衣服的一部分是用布做的，增加了質感。

「花了多久時間製作祂？」我繼續問。

「兩個禮拜左右。還有做了溫元帥、唐元帥、水燈等等很多種。這次全部都是我自己做的。」

國霖先生雖然年輕，但已經是背著左藤看板的師傅了。

改日跟佐佐木一起再訪問左藤糊紙店，聆聽洪銘宏師傅講故事。

「現在大多數的人以為糊紙是只有喪禮時才使用的。其實以前是喜事占用途的九成。成年禮時會供奉七娘媽亭。結婚前一天晚上新郎要拜天公（紙做天公座亭）。新娘的嫁妝要做一尊紙糊觀音送子放在床前。或許生小孩、買房子的時候都會用到糊紙。最後才是喪禮。」

「為什麼後來這些習俗消失了？」我問。

「主要原因是老人家沒有好好教小孩，認為有就好，所以外面很多店都使用印刷製品，但是我們家的糊紙每一個都很用心地用手工做的。」

「你們的作品真的很精緻，最後把它燒掉，覺得很可惜。」

「沒辦法，因為儀式用的。但是我想要從糊紙工藝取下宗教因素，讓糊紙往藝術品的方向發展下去。」

國霖先生這樣說，拿起迷你版趙元帥、朱熹公、土地公等糊紙神像來讓我們觀賞。顏色上得很細緻，極富動感。最有趣的是，大士爺居然能脫衣服露出胸肌，帶了一點幽默感。國霖先生在傳統的形式上添加獨特的創意，會更吸引觀眾。台灣社會應該更珍惜糊紙這樣的台灣傳統工藝。

插畫©Chie Sasaki

地址

中西區民權路一段116號

營業時間、公休日不固定

電話

0953585884

白甘餘

我常去一家冰棒老舖「順天冰棒」，米糕、龍眼乾、花生等有十二種口味，都是沒有添加物，最純樸卻最美味的冰棒。這家位置在延平郡王祠對面巷子裡，從後面的小十字路口右轉直走，就會看到坐落在小岔路口上的小老屋。我搖響了門上一條牛鼻鈴，馬上聽到「嗨！」的聲音，一位身型健碩，穿著東歐民族服的男人打開門。他叫台風，手工保加利亞優格店「白甘餘」主人。店名取自於保加利亞童話故事中的一個男孩的名字Bay Ganyo。

「進來吃吃看新研發的優格！」

台風讓我們坐在小木椅上，試吃幾種優格。心情好的時候，還會拿起用山羊的胃製作的保加利亞民族樂器，用力吹給客人聽。

「很多人稱讚我大方地給客人試吃優格，甚至有人會跟他朋友說：去台風家吃優格不用錢。哈哈。」

白甘餘的優格都是從保加利亞空運來的菌製作。純白的原味優格沒有加糖。在日本最有名的優格品牌也叫「保加利亞優格」，但是假如它是一杯拿鐵，白甘餘的原味優格就是濃縮咖啡。除了原味之外，還有更濃郁的「馥郁熟成優格」、香甜的「藍美莓優格」、加了蒔蘿，適合搭配麵包或沙拉吃的「鹹優格」等，另外也有益生菌豐富的「乳清水」、「鷹嘴豆泥」等相關產品。

「我心情鬱悶的時候，會把一個寫著『吃飯中』的牌子掛在門口，去沒有目的地的旅行，沉思人生。也許這樣的經營方式有點任性，但是顧客們都會配合我，我想從這點看得出來台南人的溫柔。」

台風有著這麼豁達隨意的精神，因此工作上也會有很多種新奇的想法。

地址

中西區開山路127巷45號

電話

0922708087

台風接到一通電話，說「客人要外送，下次再聊」。馬上騎著腳踏車出去了。

健康、環保、朋友，台風的生命重心在於這三點。他很擅長語言而且很熱情，所以有好多外國朋友。在我二〇一六年辦的婚宴中台風認識了佐佐木，結束之後與陶藝家黃美子一起帶著我的日本朋友們去散步，喝茶。

「我父親做外燴，我年輕時幫過忙，但是無法接受每次都要廢棄大量的食物，一直希望做對地球及人類的健康有幫助的工作。幾年前跟從保加利亞來台灣留學的女生交往，她叫Evelina，我之前也待過保加利亞兩個月，每天都吃優格，那時覺得找到答案了。後來天天研究、試做、請女友試吃，每次都被罵，但是有一天終於得到了她的肯定。」

「這是台風先生嗎？」佐佐木指著貼在蓋子上的男女插畫問。

「是，這幅是在日本學習畫漫畫的保加利亞人幫我畫的。Evelina 現在還是我的好朋友。」

台風的工作跟合成帆布或左藤紙糊的新世代老闆們雖然領域不同，但是關於在傳統做法裡面增加了自己的創意而創造出新的東西這點，有一部分是共通的。

插畫©Chie Sasaki

林百貨

「好可愛！啊，這個也好可愛～！」

逛著林百貨的時候，身為兩個女兒媽媽的佐佐木也彷彿回到了少女。一看到紀念蓋章，馬上跑過去。

「這個印章好精緻喔！圖面分成四個，正確地押就會出現3D畫面，就像網版印刷。」

此日最讓佐佐木中意的商品是一件HEY SUN品牌的上衣跟褲子，印著很多注音符號圖案，充滿聲音的感覺。

「如果想像我穿著很多五十音圖案的衣服，覺得好愚蠢喔。幸好我看不懂注音符號。」佐佐木這樣說就買了。

林百貨一九三二年十二月五日在被稱作「台南銀座」的末廣町開幕，一樓販售化妝品，樓上有咖啡廳與餐廳。一九三〇年嘉南大圳蓋好後，老百姓也稍微能夠得到現金，偶爾去到林百貨逛逛。二次大戰中被美軍轟炸，長久荒廢後，經過三年的大規模修復，二〇一四年六月十四日重新

開幕。內外牆、樓梯、窗戶、電燈等等細部通通都再現了原樣，服務生的制服也充滿摩登風情。

林百貨從昭和年代初期繼承下來的元素中還有一個很重要的是，會令人快樂又興奮的一股氣氛。館內總是播放當時的流行歌曲，例如〈跳舞時代〉或〈四季紅〉，聽了就會想跟著跳起來。有一個設備象徵著這股快樂氣氛，就是在南台灣首次設置的電梯。

「剛開幕的時候，有個第一次看到電梯的老先生，怯怯地觀察著。他看到有個年輕女孩子進去裡面，過一會兒門再打開的時候，出來的人居然是一個老太太，老先生嚇得要死！」我告訴佐佐木之前聽蔡廳長講的故事，佐佐木笑很開心。

一樓售賣台南產的食品，二樓陳列台灣文創商品，三樓是台灣人設計的服裝品，四樓有咖啡聽、書店和展示空間，五樓有兩家餐廳，還可以走到屋頂，那裡還留著末廣神社遺址及被轟炸的痕跡。一樓有展示幾幅畫著林百貨的版畫，其中一幅一個少年帶著斗笠，穿著拖鞋，露出滿意的表情站在電梯前的版畫，讓我印象深刻。

「這幅是藝術家潘元石先生的作品，當時流行一句話：『天下第一俗，戴草笠仔，穿淺拖仔，坐流籠。』流籠就是電梯，搭電梯對於當時的台南人而言是一個很俗（爽）的休閒活動。」企畫部曾芃茵小姐為我們說明。

一年有一次，林百貨的快樂氣氛會散發到整個市中心。是十二月初舉行的林百貨生日慶「府城摩登大遊行」。各種在地團隊來參與，數千人穿著和服、學生服或復古西裝等等跟著行動攤車遊行府城，我也曾穿著作務衣（日本傳統工作服）邊彈三線琴邊走。

重生的林百貨不只是賣台灣特產的百貨公司，也是民間的文化中心。除了台味商品之外，透過各種展示、講座、遊行等活動，讓大家看見多年累積下來的台南力量。

地址

中西區忠義路二段63號

營業時間

10:30-21:30（無休）

插畫©Chie Sasaki

美術修復師的台南
蔡舜任

Shun-Jen Tsai's
TAINAN

藝術修復師，TSJ藝術修復工事負責人，曾任亞洲現代美術館副館長。生於高雄，曾旅居義大利、荷蘭等國家學習專業藝術修復，並從事修復國寶級藝術品和文物約十年。回到台灣後在台南成立TSJ藝術修復工事，修復各式油畫、寺廟彩繪、雕塑品、文物等。二〇一七年在日本關西機場手推車上出現舜哥看著修復完門神的畫面，做為台南觀光廣告。雖然經歷相當豐富，他本人就是個喜歡運動、交朋友的好青年，常常騎著復古腳踏車穿梭府城。

八吉境關帝廳

第一次和蔡舜任老師見面的地方是台南大天后宮。每年都會在大阪舉辦台南觀光推廣活動的「紅椅頭台南觀光俱樂部」這次邀請舜哥到大阪演講，我是負責活動相關文章的日文翻譯，這天舜哥會介紹他剛完成的案子。先帶我們看廟裡的壁畫，是知名寺廟畫師陳玉峰與潘麗水的作品，後來有其他師傅修復過，舜哥講解修復工法的優劣處在哪裡。

然後我們到八吉境關帝廳。位置在永福路和友愛街交叉口附近的巷子裡，非常的隱密。聽廟宇的人說：這間廟原本在別的地方，因遭美軍轟炸，戰後遷移到這裡，一九七一年開始重修，請潘麗水彩繪，畫了六年終於完成。

我們先拜關公。雖然廟不大，但是關公的雕像很大，表情很嚴肅。舜哥說祂是用泥做的，在台南數一數二的大。

「這間廟二〇一四年才開始整修，我

們負責修復裝飾藝術跟彩繪，花了將近兩年的時間才完成。我之前在義大利學過修復藝術品的技術，這次將所有潘麗水的彩繪以修復藝術品的方式，慢慢慢慢一點一滴修復起來。所以看修復後的色彩都很協調，沒有新加上去的筆痕，完整的呈現潘麗水盛期創作的細節。我們也跟一個畫師和匠師的團隊合作，所有的顏色都是經過討論再決定的。」

「而且夏天廟裡很熱，會到四十幾度喔。」紅椅頭的成員告訴我。

門神、金箔、雕梁畫棟等等，我觀察舜哥與夥伴們努力兩年的結晶。乍看之下都很完整，但近距離看的話，會看得出它其實是個很老的作品。我特別欣賞門神的臉，據說使用「四顧眼」的畫法，不管從右邊看或從左邊看，看的人都會覺得被門神盯視自己。

「我們很仔細的研究，該如何展現歲月帶給作品的一些變化。例如所有的金箔我們都沒有重新按金，保留原本的美感。」

舜哥還講了許多當時的勞苦，我很佩服他的功夫，更佩服他對修復的用心與耐心。

「這間廟其實很幸運，它因為太隱密、太小了，所以這幾年沒有被動過。於是我們也才有機會，整間都可以這樣修復回來。」

大家可能有印象前幾年有個新聞報導，西班牙的國寶級基督肖像畫被一位老太太修成像個猴子，當時全世界的人都把它當作笑話。可是台灣也有很多老街或老建築物修成鮮豔的可愛造型，如果聽了這樣的新聞就笑不出來。人都會老，東西也是，整個台灣等著修復的歷史建築或藝術品是數不完的。可是預算跟技術資源卻很有限，該如何救它們？雖然這個議題跟如何解決高齡化社會一樣困難，但是，關心就是一切的開始。

地址

中西區友愛街40巷11號

開放時間

07:00-18:00

崇明路牛肉湯

舜哥每天騎腳踏車，這天我約他出去，於是我第一次租了台南市公共自行車T-Bike。目前有五十個以上的站點，外國人也可以用信用卡租借，每三十分鐘十元。滿好騎的，有三段齒輪，上坡也不用出大力氣。我很久沒騎腳踏車了，十八歲時曾經從名古屋騎到北海道，今天我在台南踩著腳踏車，想起那時看到的雪山和松林。

舜哥戴著墨鏡，騎著復古腳踏車過來。早上八點我們到了一家住宅區裡的牛肉湯店。招牌上只寫著「牛肉湯」三個字。一位阿姨邊切肉塊邊跟舜哥打招呼。

「因為我的工作室在附近，我早上常來這裡吃牛肉湯。幾年前那個阿姨問我，我是不是那個，小孩子把畫撞破，然後去『兇』的那個人？阿姨說的是一個新聞，一個小孩在畫展不小心把名畫撞破了。」

台灣的新聞連兇小孩子也要報導啊，我很好奇的拿起手機搜尋，馬上找到這則新

聞，也看到一個長得很像舜哥的人拿著一幅油畫的照片，但是比本人稍微年輕一點，然後下面有註解「蔡舜任協助修復畫作」。哎，是本人嗎？原來，我聽成的「兇」其實是「修」！

這家使用台灣溫體牛肉，台南牛肉湯很出名是因為善化區有個屠宰場，每天早上配送剛處理的溫體牛肉。順帶一提，因為屠宰場週一休息，所以很多牛肉湯店都是週二公休，這裡也是。

這家的牛肉湯可選大或小，白飯免費，湯也可續。切肉的工作台旁邊有一桶煮清湯的大鍋，阿姨把一坨量好的牛肉放到碗裡，另一位阿姨接著倒入一大匙湯再端過來。深紅色的肉片馬上變成粉紅色。吃溫體牛肉湯就是要全熟之前趕快把它吃掉。肉質很柔嫩，用牛骨熬的湯頭很順口。舜哥說：

「這家的湯不錯，比較清淡，所以早上吃的話剛剛好。我如果晚上想吃牛肉湯的

話，就跑去阿村牛肉湯或府城牛肉湯。」

「你是高雄人，高雄也有牛肉湯店嗎？」

「比較少，味道也還好。那日本有沒有這樣子吃牛肉？」舜哥問我。

「我沒看過，但早期可能有。以前的日本人因為佛教的影響，幾乎不吃四腳動物的肉。吃牛肉會變成牛，是當時普遍的迷信。自從明治時期受西洋的飲食文化，『牛鍋』反而變成文明開化的象徵。」

聽在地人說，台南流行牛肉湯大概是二十年前開始的事，在他們的印象中，小時候賣牛肉的只有外省人。但是謝銘祐老師跟我說過，台南人早上吃牛肉湯是日治時期日本人帶來的習慣，因為安平港口的貨運勞動者需要體力，早餐要吃飽。我去過一家位於安平的「助仔牛肉湯」，老闆說他們家一九四三年就在西市場（大菜市）賣牛肉湯了。一碗的分量少少的，有的人會吃二十幾碗。提到台南的早餐，牛肉湯還是不可缺少的一道。

地址

東區崇明路40號

營業時間

05:30-13:30（週二公休）

西市場訂製服大叔

每年十二月初舉行的林百貨慶生遊行中，一群穿著三件式的復古西裝，騎著偉士牌的大叔們特別引人注目。二〇一八年遊行時他們還溜滑板，在日治時期蓋的西式老房子前瀟灑地滑行，充滿帥氣。

「因為這次遊行的主題是潮流，曾經全台灣都很流行溜滑板，其發源地就是台南。台南是古都，但是也有很先進的一面。」

舜哥的好朋友、人稱小五的謝文侃先生如此說明。他是這個「西市場訂製服大叔」活動發起人，舜哥和小丰川麵店的兄弟都是成員之一。二〇一四年開始不定期舉辦「西裝日」，大叔們出沒在傳統市場、老屋林立的小巷弄、傳統小吃店、老戲院等府城角落，感覺好像在看一部電影叫「台南假期」。

在日本都市裡，尤其是上下班時段的車站，有幾千幾萬個穿西裝的男女彷彿魚群般的移動，看不習慣的人一定會頭暈。上班族穿的西裝通通都是黑色的，可以說是大量生

訂製服大叔
藝術流動

地址

中西區西門路二段177號

產、平均主義的象徵。回頭來看大叔們穿的西裝都是手工的，每一套的顏色、布料、風格都不一樣，且合身，這就是個性化的象徵。

小五哥老家是台南知名民宿「謝宅」，位於西市場（大菜市）裡面。西市場一九〇五年興建，一九一二年重建，當時全台灣規模最大的綜合市場，還有花園及噴水池。現在裡面大多是布料相關行業，因為戰爭時期本町（民權路）布料行街遭嚴重轟炸，許多店家轉移到這裡來。

「我家族戰爭剛結束時開始住在這裡，阿嬤開『安平布莊』，父母訂做西裝。我小時候每天觀察客人，那個時代的男生經常穿西裝出門，有些客人每個月都會訂做西裝褲，好像理頭髮一樣。」小五哥說。

「台灣長輩還在用せびろ（sebiro）、ネクタイ（nekutai）等日語，可能日治時期的台灣民眾也會有穿西裝的時候。雖然現在的台南打著領帶的人非常少，但是像我岳父，家族出遊時都會穿襯衫和西裝褲。」我說。

「我小時候台灣景氣非常好，市場旁邊的西門路上有七十多家銀樓。大家都願意花錢買品質好的衣服。市場裡做訂製服的店超過二十家，現在就不到五家，師傅也都老了。我們想透過這個活動，告訴大家西市場曾經有這麼棒的年代，以及推廣西市場的訂製服文化。」

西市場裡有一家「安正西服」是小五的堂哥謝文正先生所經營的店，專門為客人訂做西裝。謝大哥說義大利或俄羅斯等外國人會特地過來這裡，因為他們覺得很便宜且品質好。一套的費用平均兩萬至三萬元，一個禮拜後要再來試穿，再等七到十天就可以拿。即使你平常不穿西裝，也可以做一套世界唯一，很有質感和溫度的西裝。穿著它出門的話，心情就會不一樣。我也在這裡訂做了一件襯衫，還跟謝大哥約定等到這本書出版，我會再做一套西裝！

小丰川麵店

普濟殿是全台首座王爺廟，每年元宵時節，這裡的廟埕及旁邊的國華街會出現幾百個手繪燈籠，變成一條華麗的隧道。在那附近有一幢黑色平房，是舜哥每週都會去光顧的小吃店，主要賣的是古早味麵食及各種台式滷味。我初次進來時，第一眼看到的是一幅大型的畫。畫著熱蘭遮城、荷蘭時期的台江內海、鳳凰花等台南的象徵。有趣的是熱蘭遮城蓋在一碗麵的上面，筷子和湯匙在海洋上漂浮著。舜哥說：

「這是我東海大學美術系的學長許荷西老師的作品。他常在台南街頭創作，在普濟殿廟埕或T.C.R.C.酒吧後面巷子也可以看到他的壁畫。」

「左邊的樹叫鳳凰木，台南的別稱是鳳凰城，你知道它的由來嗎？」

一位穿著圍裙的型男這樣問我，然後他開始講解台南地理的特色，還打開手機給我看曾經美軍空拍的地圖。他名叫莊金修，以前做過博物館展覽企劃，他的媽媽原本在鴨母寮市場騎樓賣麵十六年，可是因腳退化需要手術開刀，金修與他的哥哥決定回來幫媽媽工作，二〇一四年在媽媽小時候住的老家開店。哥哥名叫金展，成大歷史系畢業，做過出版社編輯，有一次去採訪舜哥，後來變成好朋友。莊氏兄弟常常和舜哥與謝宅老闆小五哥一起打籃球，他們也是「西市場訂製服大叔」的成員，不管穿著圍裙或是西裝，都很帥氣。

我們點了舜哥最常吃的扁食乾麵、及榨菜乾麵、滷豆腐、海帶絲、魚丸湯和扁食湯、燙青菜、還有一盤滷味。雖然點的是小碗，麵的分量卻等同於別家的大碗。麵上面的肉燥是他們早上六點前開始炒的，阿修問我會不會覺得太甜？對於我而言，甜味的確有點突顯，可是倒一點辣椒油，再攪拌麵，兩種滋味融合得很棒。放入大量青蔥的滷味也很好吃，我最愛吃豬耳朵和鴨胗，邊夾料邊吃麵，很快就吃完了。阿修說：

小手川
麵
乾麵
湯麵
小手川

「這些都是媽媽的味道。如果要加入新的菜，也是媽媽會先教我們做。」

「您的兩個兒子都好乖啊。」我跟媽媽說。

「兩個女兒啊！」媽媽就開玩笑的回應。

下午客人還是陸續進來，大多是熟客，媽媽和兄弟一直忙著做事，但是如果一有空，就坐在客人旁邊聊天。這天我遇到一個有趣的年輕人叫小宇。他是屏東人，喜歡老房子，曾搬來台南住，而來過小丰川，覺得很好吃，因此在這裡打工兩年，學到功夫，之後進行了一趟徒步環島旅行，接著回去屏東開了「美菊麵店」。

店主這麼熱情，餐點又好吃，而且都是台南人最熟悉的口味。價格又便宜，分量又多。因此吸引許多人，甚至讓一個流浪的旅人待了兩年離不開。他們在臉書專頁上公開的隨筆很有味道，店裡擺的吳其錚陶藝作品也值得一看，這裡是一家充滿人文氣息和家鄉味的麵館。

地址

中西區國華街三段261號

營業時間

12:00-20:00（週日、週一公休）

Bar T.C.R.C.

新美街是一個傳統工藝的表演舞台。手工榻榻米的泉興疊店、大天后宮廟埕旁邊的一個區域，也有手工打造鐵桶的隆興亞鉛、百年老茶舖金德春、昭玄堂燈籠、王泉盈紙店、老理髮廳等等。到了晚上，還可欣賞調酒的手技，就在舜哥最愛的酒吧T.C.R.C.。

這天晚上舜哥和同事們、早午餐咖啡廳piano, piano主人小儒、民宿謝宅主人小五哥一同聚會。門口有個立牌用黑底白字寫著「肅靜」，感受到老闆關心著鄰居們的安眠環境。在巷弄裡做生意的人，應該要有這樣共生共存的默契。

在外面等一段時間後，服務生帶我們進來入座。

「今天很幸運，後面吧台有位子。」舜哥說。

進到裡面，空間是個左右窄、天花板低、前後長的典型老屋，長型吧台跟排列酒瓶的架子都是用原木做的，擺著橘子、檸檬、楊桃等新鮮水果，微光的電燈下年輕人們輕聲聊天，我一進來覺得好像少了一種氣味，然後發現這裡沒有菸味。如果在日本，喝酒的地方都瀰漫著菸味。覺得這裡很棒，空氣清淨客人才能好好品嘗酒的香氣及味道。

後面還有比前面大幾倍的空間。屋頂挑高，而且原本是閣樓的地板被拿掉了，所以感覺很寬廣。

「後面的空間是老闆阿翔自己做的。他很認真，一個人一直弄一直弄，那時候他很瘦。」舜哥說。

「整個牆壁都是滿滿的酒瓶，好壯觀啊！」

「阿翔很喜歡威士忌，你看那些架子上的威士忌啊，都一瓶一瓶一瓶……用時間找出來的。所以當時我們同時看著它一層一層慢慢增加上去。」

調酒師會詢問每個客人：喜歡的口味是厚重一點的還是清爽一點的？喜歡偏甜的還是偏酸的？等等，然後他會依照你的喜好，挑選酒和新鮮水果，做出一杯沒有名字，獨一無二的調酒。這徹底的客製化就是這裡最大的特色。前提是調酒師要擁有對酒非常豐富的知識及對味覺的敏銳度。二〇一六年，T.C.R.C.被國際美酒組織評鑑為亞洲最佳酒吧第二十三名。

這天調酒師為我做的是用荔枝利口酒、琴酒、莫希托和鳳梨汁調的雞尾酒，上面放幾片檸檬、迷迭香及小黃瓜。視覺很美，酸甜圓融。

「調酒師他們挑選水果或調酒的動作，在這幾年越來越精緻，都是阿翔訓練出來的。評審都是秘密客，默默地進來，都不知道是誰。」舜哥說。

T.C.R.C.和隔壁巷子裡的「阿龐燒烤店」有合作，想吃肉的客人可以在店裡填單。雞翅、肉串、香腸等都很平價，分量也滿多的。

剛工作完的大家邊慢慢地品酒，邊輕鬆地聊天。舜哥說：

「老闆阿翔下禮拜要結婚了，和太太在這裡認識。」

「那舜哥和你太太是怎麼認識的？」

「我辦演講的時候，她有來聽。那你們呢？」

「我來台南旅遊的時候，太太在南門路上開紀念品店，我在那裡買明信片。」

接著piano, piano的小儒也說：

「我老公原本也是客人，一開始他每天都來我的店。」

「台南真是個戀愛城市呢！」我太太說。

地址

中西區新美街117號

營業時間

20:00-2:00（週五・六～3:00）週日公休

電話

06-2228716　※不接受訂位，19:00開始劃位

書法家的台南
陳世憲

Shih - hsien Chen's
TAINAN

意象書法家。在人文創有限公司負責人，日本竹田市文化親善大使。台南白河人，現居高雄。年輕時以書法為人生目標，住在白河的廢棄豬寮天天寫字，創造出屬於土地的「意象書法」。巡遊世界各地，將當地的故事、景色或民俗等元素，呈現在生動的線條裡。曾於巴黎印象畫廊、亞洲美術館（福岡）、日本台北駐日經濟文化辦事處（東京）、新國立美術館（東京）等展覽。著作有《非草草了事》、《荷年荷月》、《竹田因緣》、《字遊 陳世憲的書法世界旅行》等七本。

白河蓮田

府城豐富的飲食文化，是靠著大台南地區的農業、漁業及畜牧業。農作物的名產有玉井芒果、關廟鳳梨、麻豆文旦、官田菱角、東山龍眼、後壁稻米等等，其實蓮藕也是其中一個。

蓮藕的產地等同於蓮花的名勝。六月下旬某天早上，我的岳父開車載我和陳老師一塊去白河賞花。到處都會看到蓮田，戴著斗笠的阿公阿嬤們在田裡收割蓮藕。遠方有一座山，後面還有一層層的稜線。陳老師說：

「這裡有一條河叫白水溪，溪水含有石灰質，裡面的石頭都變成白色，於是被取名為白河。這裡的水質很適合種蓮。」

車子開到竹門綠色隧道，這條是陳老師國中時每天騎腳踏車上學的路，我們下車走一走，這天陽光很強，土芒果樹下卻很涼爽。陳老師走下田裡，採起一支蓮葉，分享蓮花知識。路過的兩位女學生也靠過來聆聽。

「蓮，一身都是寶。花的容貌很美麗，也可以曬乾泡茶。蓮子和蓮藕都含有豐富的營養。葉子可以拿來包食物。古人將做人的目標比作蓮，有一句話『出淤泥而不染，濯清漣而不妖』。還有蓮的梗是空心的，這也代表謙

虛的心……」

路邊有幾個石頭是陳老師和美國人Weildman共同創作的藝術品。其中一個上面刻著一隻螢火蟲和「夜明」兩字，讓我想起很久以前聽過阿嬤講的小故事。她小時候住在山上，有一次聽人家說蓮開花時會發出「澎！」的聲音，她很想聽，改天太陽還沒昇起時自己一個人出門，好奇心勝過於恐怖，森林裡一直走，走到蓮池，屏息靜聽。可是等到天亮，花都開了卻沒有聽到聲音，失落地回家。

開了一段路發現，白河除了蓮田，還有不少阿勃勒、木棉花等花木。南89鄉道是阿勃勒賞花路徑，大山宮旁有一株龐大的阿勃勒樹，六月綻放的時候就像一座黃色的瀑布，美到令人發呆。

每一塊蓮田的花況不同，我們找到一個花開得較多的地方，我想從高一點的地方拍攝，岳父看到我在找適合的位置，馬上去附近的民宅，跟在戶外喝茶聊天的阿伯阿嫂們借了一台小貨車開過來，讓我上貨台，托他的福順利拍到整個花田。

我們歸還車子順便道謝，他們讓我們坐在塑膠椅上泡茶給我們喝。大家都話講得很大聲，好像對方認識不認識都無所謂。陳老師、岳父岳母和我太太也跟他們波長相同，聊得愉快。我拿起沖繩三線琴請他們點歌，一位阿伯要我唱〈反攻大陸去〉，我不會唱，彈唱了〈淚光閃閃〉、〈黃昏的故鄉〉等等拿手歌。

我喝完茶，阿伯馬上就再倒入，抓不了告辭的機會。岳父跟一直用鐵針鑽蓮芯的阿嫂買了一包蓮子，但其實老家冷凍庫裡整年都貯存著家族處理好的蓮子。我學習到他們「以人情報人情」的對待方式。

吳記豆菜麵

六月某天早上與陳老師約在新營火車站見面，老師說：

「我們去看蓮花之前，先吃個早餐吧。白河市場裡有一家好吃的豆菜麵店。」

「豆菜麵？我在台南吃過魯麵、擔仔麵、鍋燒意麵……可是豆菜麵，連名字都沒聽過。」我疑惑地說。

「那是白河的小吃，其他地方較少見。」

車子穿越田園，進到白河鎮中心。嘉南平原是台灣的穀倉，小鎮散在遼闊的田園裡，彷彿大海中的群島。舊台南縣的麻豆、佳里、六甲、後壁、鹽水等等，每個區域各有特色。我以前常騎機車到麻豆，再到新營教日文，喜歡那個在綠色海洋中往下一個島嶼航行的感覺。

每座城鎮都會有傳統菜市場，白河市場在一棟大建築裡面，外圍也好多攤販擺得緊緊，相當熱鬧。陳老師邊向攤主打招呼邊走進市場裡，看到「(吳)豆菜麵」的招牌，一對夫

妻站在廚房，工作台上有一大堆煮好的麵條，發出光澤，我看了這座麵的山丘就快垂涎。

「老師，好久不見。」

「老闆早，我今天帶日本朋友來。要五碗麵、還有骨仔肉、骨仔肉湯、肉羹。」

我們坐在料理區對面的竹椅，老闆從麵山丘上抓起一坨麵，放入碗裡，再放一點豆芽菜，淋上一點蒜蓉和醬汁。雖外貌很樸素，但我吃一口就興奮地說：

「好吃耶！沒想到煮好一段時間的麵條還能保持這麼有彈性，微微的麵粉香也聞起來很舒服。」

「老闆每天半夜兩點開始做麵，做到凌晨四點，然後五點多開店。到了晚上九點就要睡覺，所以我們一起喝酒總是他先離開。」陳老師幽默地說。

「而且週末、假日、過年我們都沒休息，因為從外地回家的鄉親們期待來吃。」老闆吳先生說。

「好吃的麵原來是當天自己做的。蒜泥和豬油醬汁也會刺激食欲。因為豆芽菜的水分飽滿，沒有湯也不會口渴。」我津津有味地說。

乾的骨仔肉盤也不錯吃，老闆娘說使用豬胛心肉，適當的油脂會補充體力。我們在用餐的時候，客人陸續過來把麵條買走，一座大山已經變成了台地。

「你們店開多久了？」我問。

「七十幾年了，我是第三代。」

「真不簡單呢！可能是所有的白河人都吃過你們的麵吧。豆菜麵那麼早期就有喔。」

在六甲農村長大的岳父接著說：

「其實六甲、新營也有一樣的麵。這一帶都是農村，以前插秧或收割的時候需要大量人力分工，鄰居們會互相幫忙。中午要請大家吃午餐，會煮一大鍋的麵，加點醬油跟蒜頭，分給大家。這樣的午餐很方便又不貴，而且會有飽足感。」

「原來如此，在地小吃總是會和舊時的生活有密切關係呢！」

我們五個還有吃肉羹和骨仔肉湯，我吃了三碗麵，價格居然一個人不到七十元。我覺得白河人很有口福。

地址

白河公有零售市場內

營業時間

05:30-13:00

大鋤花間咖啡生態農場

白河東方是海拔超過七百公尺的山區，叫做東山。龍眼、青皮椪柑、咖啡豆等農作物很知名。每年農曆九月五日在吉貝耍村落舉辦盛大的西拉雅族祭典「夜祭」。

我們的車子開上175號市道。一望無際的森林，瀰漫薄霧，彷彿置身熱帶雨林。沿路有多家個人經營的咖啡農園，因此稱做咖啡公路。

到了大鋤花間，走上坡再到木造露台，見到主人郭雅聰、施玲蘭夫婦。這天是星期二公休日，但他們因為好朋友陳老師要來，特意接待我們。身材健壯、皮膚黝黑、穿著牛仔褲的郭大哥，宛如美國西部劇的男人。陳老師說：

「老闆是屏東人，以前在台北經營出版社。一九九二年買下這座山，自己一個人搬來，開墾土地。你現在看到的房子、桌椅、裝飾品，全部都是他自己做的！過了兩年後再叫太太和兒子搬過來。」

「我曾嘗試做過幾種工作，也有養過羊跟豬，有一次在山的深處偶然看到咖啡樹，可能是從日治時期留下來的，因為當時日本人在東山種植咖啡樹。我就想，種種看吧！」

「先生決定去山地生活的時候，太太有沒有反對？」我好奇的問郭太太。

「我以為他做不久就會放棄夢想。沒想到他不放棄，只好我也一起做了！」

一開始買不起烘焙機，用做爆米香的機器來代替，那台現在還擺著，代表郭式開拓精神。

郭大哥用賽風壺泡的咖啡，富有純粹天然的滋味。他還送我一份龍眼乾和咖啡豆，這個吃法很特別，先去除龍眼乾的種子，再來用果肉把豆子包起來吃。龍眼乾的香甜滋味與咖啡炭香在嘴裡混合一起。

過了一年，在咖啡果熟成紅色的十一月，我們再來到這裡。坐在崖上的位子用餐，邊遙望一片山脈，邊品嘗。除了咖啡之外，也有芳香濃郁的龍眼花茶、桂圓紅棗茶、清爽蜂蜜味的咸豐草茶等，都是在地種植的花草茶。另外有梅子香的咖啡果雞腿鍋、柔嫩的番茄燉牛肉等，吃的品質也相當高。

餐後，郭大哥帶我們去曬咖啡的地方。紫葉咖啡、黃波旁等不同品種的小豆豆們躺在大木板上悠閒地曬太陽。熱情的郭大哥還讓我們坐在小貨車後面，前往山上，在又窄又崎嶇的陡坡開過去。一直猛烈搖晃，頭差點撞到枝葉，比遊樂園的雲霄飛車更刺激！

到了咖啡農園，五、六個人正在採收，他們腰上的茄芷袋有滿滿的紅色生豆子，紅寶石般的鮮豔，味道也像水果般的甜蜜。樹上掛著手作天然除蟲器，郭大哥堅持不使用任何農藥、化學肥料及除草劑。

二〇一八年，美國咖啡品質協會（ＣＱＩ）給大鋤花間種植的咖啡生豆８７．３３分的認證。據說這是亞洲第三名，世界第十九名的高評分。郭家鑽研及實踐二十多年，做出了世界等級的精品咖啡！

地址

東山區高原里高原109-17號

營業時間

10:00-18:00（週二公休，六日營業到21:00）

電話

06-6864350

關子嶺
嶺頂公園

「湯治」是個日本自古以來的習慣，有受傷或疾病的人一段期間待在溫泉地，利用溫泉藥效治療的行為。以泥漿溫泉為知名的關子嶺，當初一八九八年屯駐的日本士兵偶然發現從地底湧出的泥巴，之後做為傷病軍人或警察的湯治及復建場所開發。

這裡是一座四方被森林圍繞的山谷小鎮。陳老師帶我們進去一個高木繁茂的公園，廣場旁有一座深綠色的雕塑。穿著西裝抱著古典吉他的紳士用悠閒的姿勢坐在G譜號形狀的漩渦上，眺望遠方。

「這位是台灣早期很有名的音樂家，吳晉淮先生。台南柳營人。日治時期，他國小剛畢業時，很想讀音樂系，但遭家人反對，於是跟一個同學偷偷坐船渡到東京。學了吉他和作曲之後，自稱『矢口』姓在日本演藝界發展。」

「好勇敢的小孩，而且獲得了成就，真不簡單！」

「吳先生做為作曲家寫了很多台語歌，其中〈關子嶺之戀〉最有名。」

歌詞刻在廣場地上，陳老師哼了一小段給我們聽：

嶺頂春風吹微微　滿山花開正當時
蝴蝶多情飛相隨　阿娘對阮有情意

我也用手機聽了吳晉淮先生唱的這首歌，用特色的鼻音唱腔，隨著悠然舒緩的旋律，唱出豐富的自然景色以及淡淡的戀慕之心。這是一種旅行的誘惑。也很適合在泡澡時唱。泡在冒著熱氣的浴池裡，大家都會想哼歌。

日本也有不少唱溫泉的經典歌曲，例如一九四八年發表的〈湯の町エレジー〉這首歌在台灣也名為〈溫泉鄉的吉他〉膾炙人口。多年來在台灣活躍的創作歌手，也是演員的日本人馬場克樹先生因為很喜歡溫泉，

寫過許多以台灣的溫泉地為主題的歌，四重溪、關子嶺、泰安、烏來及北投都有。

走進桂花飄香的公園裡，有一條很長又很陡的石階，嶺頂公園就在石階的最上面。

「這裡以前叫『男坂』，現在稱『好漢坡』。原本有接近三百段，曾經日本傷兵們為了鍛鍊身體，上下跑好幾趟。」陳老師說。

過了一年後，某個羊蹄甲盛開的秋日，我帶家人再訪關子嶺。我們住的警光山莊前身是一九二七年成立的日本警察專用旅館暢神庵，據陳老師說這棟的溫泉水因為位於泉源旁邊，純度最高。大浴場一般人也可以使用，但不能穿著泳褲進去。雖然設施很樸素，不過泡完皮膚會變得非常滑溜。

晚上散步時，有點錯覺走在日本的溫泉地，因為整個風景與我腦海裡的溫泉鄉非常相像，包括硫磺的味道、一條溪流、盛開的芒草、蟲兒的合唱、流水聲、嶺頂公園還有神社的鳥居及在台灣很少見的紅楓葉。

來到關子嶺呼吸清淨的空氣，爬石階流下汗水，泡溫泉，唱唱歌，再來吃甕仔雞，就是一種身心靈的洗滌。

公車利用

——

東從新營火車站搭乘黃幹線至白河，再轉搭黃12或黃13支線。

水色藝術工坊

二〇一七年某天，我們在台南運河最深處的岸邊走走。這條小徑很安靜人車又不多，頭上的樹葉會隱約遮住陽光，走起來很舒服。陳老師說：

「這樣子整塊景色滿漂亮的，它有一點感覺。包括這條運河、吊橋、對岸空地的那幾棵老榕樹，加上這條小路，旁邊還有畫廊。」

「我常常經過這裡，傍晚還能看得到夕陽。」我說。

我們走到一棟玻璃牆面的大型建築，從外面就看得到裡面的展覽品。林明霞總監笑著走出來說：

「歡迎，我們畫廊有兩間，這裡是『水色當代藝術館』，附近還有本館『水色1214之間』，待會帶你們去看看。」

我們坐下來聽林總監介紹，會延伸到這塊區域的歷史及未來規劃。

「這邊本來是一個商業港。船從安平港

進來，到這邊卸載貨，又回流。所以運河是個活水。小朋友也會坐船上學。但後來因為淤塞和髒汙，變得很醜。南岸的公園長期大家都不管，所以反而最保有原始狀態，沒有被犧牲掉。這麼漂亮的河岸應該要把它重新復育，做成一個適合休憩或野餐的綠地，也是個機動性的戶外舞台。所以我們從二〇一四年連續三年舉辦『水岸藝術節』，邀請十幾位藝術家創作裝置藝術及表演。」

「這是他們自己出錢辦的，公部門只補助了一點經費，很不簡單啊。」陳老師說。

「我們另外有自己做船的計畫，因為希望在運河上船隻可以航行。無動力的船更適合這個氛圍。但不要請廠商做，我們未來會開個造船課程，讓城市居民懂得造船，然後成立手工船的俱樂部，它會成為一個台南觀光的特色。」

本身是表演藝術團體編導的林總監，她的想法充滿生動感，我聽了就彷彿看見有船隻穿梭在運河上的畫面了！

「水色１２１４之間」是一棟木造老屋，二樓有一位藝術家正拿著筆在畫水彩畫。朝著大面的玻璃牆，可眺望運河和對面綠地，非常棒的環境。

「這位是陳俊華老師，在這裡進駐三個月，之後會舉辦個展。陳老師用水彩當作水墨的概念來創作。我們畫廊希望藝術家都要有一個轉換，視覺跟概念上的一個移轉。這又是一個新的開始。」

「一般傳統水彩都畫一小張一小張的，我想要打破傳統的方式，這次畫的都比較大幅，叫做《殘卷》。」陳俊華老師放下筆，親切地說明。

我很欣賞他的作品。筆觸非常細緻，顏色很有層次。明明畫的是平淡無奇的草叢，卻

地址

中西區環河街129巷31號

開放時間

13:30-19:00（展覽期間）

電話

06-2216806

呈現一種神秘的夢幻世界。

過幾個月後，第三屆水岸藝術節展開了。除了陸地上的作品之外，也有十幾件不同藝術家創作的船型裝置藝術漂浮在運河上，後面還有一艘帆船在航行。晚上有燈光使作品更綺麗。真希望，那一天林總監跟我們分享的夢想能夠一步步成真。

二〇一九年的現在，「水色當代藝術館」二樓則是「烏邦圖書店」，空間獨特又舒適，可坐在落地窗旁的位子邊喝咖啡邊閱讀，成為一個社區的文化推廣中心。

Tatsuya Yamasaki's TAINAN

插畫家的台南

山崎達也

居住在大阪府。插畫家。二〇一三年妹妹山崎華子住在台南時，他第一次來到台南，一週天天觀察及速寫台南美食、景點或有趣的在地生活，二〇一四年出版《オモロイ台南》（中文版書名：呷飽沒？台南），以那時候體驗到的事情為架構，用許多插畫、漫畫和華子寫的專欄來介紹台南。得到前台南市長賴清德的肯定，為台南市政府、台灣觀光協會、林百貨等畫過大型插畫。在日本經常參加推廣台南旅遊活動。二〇一四年出版日文書《大台南見聞錄》。

● 臉書專頁：http://facebook.com/yamasakido/

安平魚市場

半夜一點與山崎先生碰面，順著台南運河北邊的安平路一路往西騎，幾乎沒有車子，吹著涼風很舒服。台南運河最美的時期是六月，許多橘紅色的鳳凰花盛開得就像整棵樹都在燃燒著。每年端午節前連續五天舉辦國際龍舟錦標賽，這段期間平常幾乎沒人的運河旁也會擠滿人潮。

運河過後不見路燈，周圍變得黑漆漆，路邊有一片墓地，再騎一段距離就到魚市場。

「我們到了。」

「剛剛的墓地真恐怖……」山崎說。

進入魚市場的建築內，燈光照得令人目眩，裡頭人聲鼎沸，台語此起彼落，跟外頭黑暗寂靜的世界迥然不同。在濡溼的地板上，大叔阿姨們穿著長筒雨鞋闊步，五顏六色的魚兒們有些裝在籃子裡，有些直接撲在地上。

用紅線被綁成馬蹄狀的鱸魚、長得圓圓很有幽默感的皮刀魚、形狀很像一把刀子的白帶魚、軀體粗到像根圓木頭的土魠魚……還有許多不知其名的海朋友們。好多虱目魚從被翻倒的大籃子裡跳到地上，又蹦又跳。

「好像大量的魚群在激流裡游泳，我們身在其中。整個魚市場充滿著熱氣，有點快暈倒的感覺。」山崎先生說。

「跟菜市場比起來，雖然兩種都是市場，但是氛圍完全不同呢！」我說。

魚市場裡處處可見還在扭動的魚，這個空間的特異性在於，它位於兩個世界的界線上。兩個世界即是海洋與陸地，更是生與死。在這裡會看見同一種大魚，有的還在水槽裡扭動，有的卻是斷了頭的軀體，任其放在旁邊。

市場旁有個小碼頭，好幾艘漁船停泊著。幾個健壯的小伙子們在船上把裝滿白帶魚的大籃子吊起來載到三輪摩托車的貨架上。

「自從荷治時期，安平就一直是商人做生意的貿易港。但是安平也有漁民以捕魚或養魚過生活的一面，來到這裡就會有這樣的真實感。」我說。

我有問過魚販這裡有沒有賣吃的，對方說沒有，但是我們在探索中偶然看到「生魚片」的字，寫得很低調。老闆幫我們切黑鮪魚裝在塑膠盒子裡，一盒五百元。現場沒有醬油也沒有山葵，我們先回家拿山崎先生從日本帶來的高級山葵膏，再到金華路上的富鴻魚肚小吃，點了虱目魚湯與炒花枝來搭配生魚片，這是凌晨四點的盛宴。味道鮮甜、厚實的台灣黑鮪魚和日本產天然山葵，真是絕配。

「山崎先生，今天印象最深刻的是什麼？」

「是阿嬤們在處理魚鱗的樣子。一手壓著虱目魚，或是抱著一條大魚，一手用像電推剪的機械咯吱咯吱地刮過去，魚鱗宛如在風中跳舞的細雪般四處亂飛。」

「看了虱目魚活潑地跳動後被處理的景象，再來吃碗虱目魚湯，就想要合掌說：いただきます（iradakimasu，我領受了），對不對？」

地址

安平區運河路97號

開放時間

00:00～早上

公休

週日跨週一淩晨

插畫©Tatsuya Yamasaki

福吉雅手作布丁

中西區南門路是一條凝聚歷史的街道。孔子廟、五妃廟、大南門城、日治時期做為台南州廳的台灣文學館、市長官邸、戰後成為眷村的水交社公園等。旁邊的住宅區裡有小豆豆鍋燒意麵、阿婆肉粽等不少隱藏版名店，福吉雅手作布丁也是其中一家。庭院有各種花草，一棵樹葡萄上掛著手作鳥巢和晴天娃娃，看了就知道主人是個用心的人。

一進到室內，一對夫妻滿面笑容地迎接我們，他們稱做布丁媽媽與布丁爸爸。白牆上掛著一幅布丁的油畫，餐桌上還有一幅山崎先生幫他們畫的作品。滿月下長出手腳的布丁拿著一根芒草跟兩隻兔子一起散步，充滿中秋節的味道。

布丁有六種口味，原味、奶茶、香橙、抹茶紅豆、羊脂白玉及天使布丁。這些都裝在小小的玻璃杯裡，杯口用一張紙蓋著。

「台灣人對這個玻璃杯很熟悉，因為它的形狀跟辦桌的飲料杯一樣。」布丁媽媽說。開始吃布丁前，務必試試看能否把它完美地倒出在碟子上。會講日文的女服務生示範給我們看之後，我也試做，結果整個都瓦解了。

「技巧是先用湯匙稍微壓布丁的邊緣，再來把湯匙插在玻璃邊讓空氣跑進去。但是我成功的機率頂多是三分之一而已。」山崎說。

「小朋友一定愛玩這個遊戲。」

先吃口原味，嘴裡充滿濃醇的奶蛋味，口感很綿密，完全沒有化學加工的感覺。布丁媽媽說：

「我們對天然跟手作特別堅持。牛奶是用七十年老字號明德鮮乳的無調整全脂鮮乳，雞蛋是用麗園牧場的紅殼蛋，焦糖的原料是台南南化產白甘蔗。防腐劑、人工色素和凝結劑

插畫©Tatsuya Yamasaki

都不使用，以蛋汁高溫凝結方式製作布丁。」

半固體狀的手煮焦糖，也好吃到讓我把杯底的焦糖全部挖乾淨。尤其是奶茶口味，焦糖使紅茶香氣更明顯。香橙布丁有碎碎的醃漬柳橙皮，也非常馥郁。抹茶紅豆布丁是用日本抹茶粉製作，跟甜蜜的紅豆搭配得就像鴛鴦交頸。

山崎先生的妹妹華子以前居住過台南一年，她首次來台南時認識布丁夫妻，夫妻幫了華子很多忙，載她騎機車看房子、把自己的腳踏車送給她等等。後來華子在台南經歷了很多事情，跟哥哥共同寫了兩本專門介紹台南的日文書。布丁夫妻就是山崎兄妹與台南緣分的開端。

店裡還有免費的自製台南漫步地圖，黑糖、包袱巾、檜木杯墊等商品販售，也有不定期義賣各種手工飾品。熱情、親切、對健康和美味的關心，及對手作的堅持，這是布丁夫妻的原動力。

地址

中西區南門路235號
（231巷內第二間）

營業時間

每週三～五13:00-18:00
六日13:00-17:00

電話

06-2135818

網址

http://www.tainanfujiya.com/
※提供宅配服務

克林台包

包子在日本也是個很普遍的食物，我國小時常一回到家放下書包，就握著一百圓硬幣到商店買包子吃。咬下熱騰騰白色麵皮的瞬間嘴唇感受的滿足感，至今仍記憶猶新。幾年前某天到孔廟散步，走到克林台包第一次嘗到台灣的包子。這有夠彈力的肉餡，跟在日本吃過的包子截然不同。

某天和山崎先生一起去克林採訪，受到第三代年輕女老闆劉音岑小姐與莊雅捷特助熱情的接待。「要不要去樓上看做包子？」我們到二樓，空間很大，十幾個師傅們認真專注地工作著。一位老師傅擀平黃色麵皮，再來印個紅色戳章，烤完之後會成為芒果椪餅。兩位女師傅正在剪香菇柄。從寬敞的玻璃窗戶看得到孔廟的樹叢。

八位年輕人圍著工作台做包子，用棍子擀皮，接著把肉餡放進去，再來捏脊褶把肉餡包起來，相當快速。山崎先生馬上將這個畫面畫在素描簿上。然後在機器裡發酵，吹冷風就會完成。沒有加油，麵皮卻很有光澤。

「肉是每天早上現宰的溫體豬肉，在廚房處理後跟獨門醬料拌在一起。通常包子的肉是碎碎的，但是我們的肉是一顆球。這是傳承我阿嬤每年除夕夜做八寶肉丸的方法。」劉小姐得意地說。

另外香菇炒過增加香氣，蛋黃使用比雞蛋更香的鹹鴨蛋。許多講究融合在一顆包子裡。

我們回到店面看看陳列商品，包子種類相當豐富，除了招牌八寶肉包之外還有麻辣臭豆腐、羅勒起司、黑糖番薯、紫米芋頭、溏心芝麻、菇菇包、雙倍紅豆等等，椪餅也有十種口味。

「一天做多少商品？」我問。

「大概三千多到四千多個。」她的回答讓我們驚訝。

「這些日文都翻得完全正確，是誰翻譯的？」山崎先生看了介紹文的日文翻譯說。

「是我們樓上的師傅，有一位是日文系畢業的。」

「哇，真厲害！」我和山崎先生都很驚訝。

「我們的工作很辛苦，需要靠學習跟經驗，但是有很多不錯的年輕人願意來一起努力，是我們的幸運。」劉小姐高興地說。

「日本人最有興趣的是這個麻辣臭豆腐肉包。」山崎先生用手分成兩塊的瞬間，「哇，就是這個味道！」香味刺進我們鼻孔裡。

「你們喜歡吃QQ的口感嗎？我們也有水晶餃喔。」

半透明的麵皮有點像水母的水晶餃也是台南的名產。據說在物質缺乏的年代，有人做水餃時用番薯粉代替麵粉，是水晶餃的起源。除了麵皮之外，裡面有蝦子和竹筍，口感相當豐富。

一九五二年創業的克林台包，當初主要販賣的是那個年代少見的白吐司或舶來食品，也很受美軍士兵的歡迎。Logo女孩名叫小月，是創辦人劉錫堃先生親手作畫的女兒，也是劉音岑老闆的姑姑。克林的包子裡面，包著這段歲月的故事。

地址

中西區府前路一段218號

營業時間

08:00-21:00

電話

06-2222257

插畫©Tatsuya Yamasaki

老騎士咖哩飯

我以前在民權路上的早稻田日語中心工作兩年，休息時間常一邊吃從老騎士買回來的咖哩飯一邊看著課本研究。

某天跟山崎先生一起來到這裡，先到隔壁跟老闆歐陽清海先生打招呼。他是位身材瘦高、眼型細長、臉上蓄短鬍、穿牛仔褲跟拖鞋很搭配的帥歐吉桑。

「請坐，我泡咖啡給你們喝。」歐陽先生用沙啞的聲音說。

室內擺著幾樣藝術品跟老物，例如台南藝術家蔡才藝老師的書法、男人們在騎馬的繪畫、古董咖啡機等，還有兩把古典吉他、西洋音樂唱片，也有販賣各種珠寶飾品。

「請問老闆，店名是不是取自於西班牙的古典小說《唐吉訶德》？因為您的長相真像那本小說插畫中的騎士。」我問。

「哈哈，沒有關係，因為我愛騎馬，年輕時候常常到歸仁馬場玩。一九七九年我在全美戲院對面開咖啡廳，名叫老騎士咖啡館，那時就有提供咖哩飯。經營二十年後搬到這裡專賣咖哩飯，也快二十年了。」

「原來如此。愛彈吉他、愛沖咖啡，還愛騎馬，感覺您的青春時代很時髦。當初怎麼學沖咖啡和煮咖哩的技術？」我繼續問。

「一位日本人三浦徹先生是我的師傅，我跟他學日本咖啡廳的基本工作，沖咖啡之外還有學美式早餐、煮咖哩等等。他也講過小時候的故事，他媽媽常常煮咖哩放進冰箱裡，他從學校回來就自己把它加熱，淋到白飯吃。是不是日本常有這樣的景象？」

山崎先生笑笑地大點頭。

我們走進咖哩飯店裡，牆壁上掛著鹿頭標本跟油畫，也有蔡老師的書法，有個「美」字寫得真美。空間雖然樸素但有獨特的風格。

地址

中西區永福路二段180號

營業時間

11:00-20:00（週一公休）

電話

06-2269304

咖哩的配料可選擇花椰菜、雞肉、豬肉、牛肉及海鮮，另外也有兒童餐。白飯、清湯、黃蘿蔔、豆乾還有可樂都無限量供應，價格卻跟一盒便當差不多，真是家庭或學生們的好夥伴。

海鮮咖哩的料有大隻的蝦子、蛤蜊、干貝、魚肉及馬鈴薯等，相當豐富。牛肉咖喱的顏色比其他的咖哩更深，味道也最濃郁。老闆說：「雖然每一道的咖哩醬都是一樣的，但是隨著肉的特性，醬的顏色跟味道都會變。」

「山崎先生吃了老騎士咖哩有什麼感想呢？」我問。

「正是在我心目中經典的咖哩口味。日本現在黑色的咖哩較多，像這家偏黃的咖哩才是傳統的顏色。」

「可能有放不少薑黃，但沒有很辣。」

「這是小時候姑姑煮給我吃的咖哩味道。」山崎說。

我跟山崎先生都喜愛老騎士的咖哩，不僅會聞到印度辛香料的香氣，也有洋蔥跟馬鈴薯熬煮出來的濃稠口感，這即是三浦徹先生四十年前傳承給歐陽老闆日本正統咖哩的味道。

插畫©Tatsuya Yamasaki

郭記炒鱔魚專家

我心目中的鱔魚意麵店是充滿男子氣魄的空間。在沒裝冷氣的開放式店裡，表情嚴肅的歐吉桑們站在堆積深紅色生鱔魚的調理台旁，跟客人講話都大聲嚷著，當然全是台語。快速切鱔魚，揮舞著鐵鍋，冒出火柱快炒，客人們則低著頭默默地吃。但是山崎先生這次帶我去的郭記炒鱔魚，讓我對鱔魚意麵店的印象完全改變。

位置在安平國小附近的新興住宅區裡，玻璃牆後面的用餐區非常乾淨。碗櫥裡的餐具、廚房的工作台和用具也都整理地有條不紊。剪平頭的郭寶典老闆，雖然五十多歲了，但是外貌像個運動選手，肌肉結實且皮膚有光澤。

店裡擺著五張黑色原木餐桌，我們坐下來看菜單。餐點除了乾炒鱔魚跟鱔魚意麵之外，還有花枝意麵、麻油腰花、麻油豬心、豬肝湯、八寶麵等。我們點完餐後到廚房看老闆的手藝。老闆先放醬料炒洋蔥、四季豆和辣椒片，再放意麵繼續拌炒，最後放入紅色鱔魚片，以附有緊實肌肉的手腕揮舞著鐵鍋快炒一下，迅速關火，老闆娘即來裝盤。盤子上有變成灰褐色的鱔魚肉、黃色的意麵、鮮綠色的皮上面有微焦的四季豆、紅色辣椒和白色的洋蔥，顏色相當豐富。

「其實我個人不習慣吃鱔魚，因為牠長得很醜。但是這家的炒鱔魚是例外，我很喜歡吃，因為醬料調得很好。」山崎說。

「醬料不會太甜，黑醋的香氣促進食欲。而且鱔魚的肉質比其他店家的更有彈性。」

「鱔魚意麵雖然是台南傳統小吃，但是現在的鱔魚幾乎都不是本土的。我們用大陸的鱔魚，它雖然貴，但是口感比東南亞產的更好，比較脆。」郭老闆做完菜就過來跟我們聊天，也全用台語，我太太把他講的話翻成中文，我再幫山崎翻成日文。

「什麼樣的契機讓您走入這個行業？」我問。

「我十七歲時交往一個女朋友，她的爸爸是鱔魚意麵店老闆。二十二歲退伍之後開始在他的店當學徒。民國一〇二年買下這棟房子，獨立開業。」

「那個女朋友是不是您的太太？」我好奇地問。

「是的。岳父郭信義是第二代，賣炒鱔魚六十年，他的店「炒鱔魚專家」還在東區大同路營業。」

「您也已經炒三十多年了，真是個鱔魚達人。但是您的皮膚怎麼這麼好，看起來很年輕！」

「因為每天都在吸收熱的蒸氣。還有每天都儘量吃天然的東西。」

花枝、麻油腰子或八寶麵也都使用天然新鮮的真材實料。山崎先生給我推薦八寶麵，配料有大的蝦子、花枝、豬肝、肉片、高麗菜、四季豆等，用蔬菜熬煮湯頭很濃郁，通常很少喝湯的我也不知不覺地把它喝光了。

他們的兒子郭泰偉，大學餐飲科畢業，成為這家店的第四代，是台南小吃界的新世代。

地址
——
安平區育平9街8號

營業時間
——
11:30-14:00、16:30-22:30
（不固定公休）

電話
——
06-2983658

插畫©Tatsuya Yamasaki

Ken Ohtake's TAINAN

吉他手的台南

大竹研

吉他手、作曲家。曾與沖繩音樂家平安隆搭檔多年，現在是客家創作歌手林生祥最重要的音樂夥伴。同時與早川徹、福島紀明組成爵士樂團「東京中央線」。他對人總是溫和、有禮、謙虛，而且會講中文，所以人緣很好。因為聽到朋友們說台南是個好地方，二〇一三年搬到台南，居住三年半。現在以台北為生活據點，常到日本，也常回來台南演出。專輯有《I Must Have Been There》及東京中央線名義《佇台南》、《One Line》、《Lines & Stains》等。

● 臉書專頁：https://www.facebook.com/DaZhuYanKenOhtake/

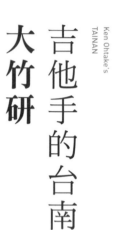

Room335 Live Music Bar

「我們的Live House就像是電影館。客人都純粹來聽音樂，表演一結束馬上離開。為了喝酒或聊天來的人幾乎沒有。」Room335老闆阿凱這樣說。

夜晚時段，在招牌燈繽紛林立的鬧區裡，Room335的小小招牌低調地發光。走下微暗狹窄的樓梯，打開厚重的門，一陣清澈的聲音飄過來，Ken跟阿凱剛好在玩電吉他。舞台與座位之間的距離非常近，室內除了海報和招牌燈之外沒有任何裝飾，宛如表達我們追求的就是音樂。

Ken與早川徹、福島紀明組成的樂團「東京中央線」在這裡演出過幾次，每次都是爆滿，熱氣騰騰的空氣中交錯的樂器聲讓粉絲們陶醉。

「做為演出者，Ken覺得Room335的特色是什麼？」

「他們配合度很高，之前舞台上有一塊壓克力板，阿凱為了我們的方便還把它拆下來。還有，這裡不需要拘泥形式，能夠用輕鬆的心情演奏。」

在台南土生土長的阿凱，年輕時在台北傳播藝術學院學吉他及作曲編曲等等，在台北知名的Live House河岸留言工作兩年之後回到台南，二〇〇四年開了Room335。

「經營這裡賺不了大錢，但是我很喜歡這個工作。」阿凱說。

「什麼時候最有成就感？」我問。

「感受到年輕人成長的時候。很多年輕人來這裡彈唱自己做的曲子，一開始還不成熟，但每一次都會進步一些，看這個過程滿有趣的。可是大部分的人都走向Rock，很少人想做Blues或Jazz。我希望他們多接觸不同領域的音樂。」

阿凱也說在台南可以學習音樂的地方很少，他一面經營Room335一面在社區大學開吉他課程，與學生們分享他對音樂的熱情。還有一個很重要的身分是，黑哥謝銘祐老師所帶領的麵包車樂團的團員。負責吉他、鋸琴、口技、合聲、設計等。

以服務老人及引導年輕人為目標，二〇〇六年成立的麵包車樂團，幾乎每個禮拜都會去一至三家養老院、護理之家或醫院等地方辦音樂會，唱〈望春風〉、〈快樂的出帆〉、〈港都夜雨〉、〈安平追想曲〉等經典老歌，有時候會到嘉義、雲林，都是沒有收費的，至今辦過一千場以上。

黑哥說過：「我們在唱歌的時候，躺在床上或坐在輪椅上的觀眾們，因為多數人都是中風的，沒有什麼反應，但是我們團員都會聽出『沒有聲音的掌聲』，有時候它只是一個歡喜的眼神，或許是一滴眼淚。」

Room335被稱為「佛系Live House」，我一開始不知道佛系的意思，想像成和尚來表演或來聽音樂的空間。從某個角度來看，這也沒有錯。麵包車是個充滿愛心的樂團，Room335的空間比寺廟更質樸，裡面的人都專心追求音樂，加上阿凱剃成光頭。

如果你是晚上除了夜市之外不知道要去哪裡玩的遊客，我會建議去Room335聽音樂。但不是每天都有，表演消息在臉書專頁上公布，可電話預購。

地址

中西區康樂街49號B1

電話

06-2284778

網址

https://www.facebook.com/Room335/

國立成功大學

國立成功大學校園，也是台南市民的生活圈。設施有成大醫院、幼兒園、博物館、圖書館等，也常舉辦各種講座或藝文活動。成大前身為一九三一年創立的台南高等工業學校，當時的行政大樓現為博物館，陳列著許多台南的歷史文物。

我們走進榕園，好幾株大榕樹在草地上佇立著。這裡曾經是日軍台灣步兵第二聯隊營區，幾棟老建築還在使用中。

「好久沒有來到這裡了。紅磚建築的校舍對我來說印象很深刻。」Ken說。

「榕樹的葉子和紅磚牆，顏色搭配得很好呢。最大的那株榕樹，據說是來自鹿兒島縣，一九二三年皇太子裕仁親王來閱兵時親手種下的。來，我們去最好的位置欣賞它。」

我和Ken進去一棟壯麗的西式老建築，是以前的日軍兵舍，現在名叫大成館。我們站在二樓迴廊，華麗的柱子與柱子之間，可眺望整個榕園。颼著冷風的十二月，榕樹卻

是生氣勃勃，發亮的葉子繁茂到幾乎看不到樹枝。一群穿畢業服、戴博士帽的學生們在樹下開心地拍紀念照，也太早了吧？

「Ken桑有聽過沖繩的Kijimuna傳說嗎？」

「有聽平安隆說過，祂是個精靈，住在榕樹上。」

Ken以前常常跟知名的沖繩音樂家平安隆一起上台演出，直到二〇〇六年，他們參與客語創作歌手林生祥的專輯《種樹》，那一年Ken和林生祥來到成大辦音樂會，至今已在這裡演出過四次。

榕園對面的成功湖是學生們休憩的地方。今天太冷，鴨子們把頭埋在羽毛裡站著睡午覺。湖上有個小島，島上有兩株南洋杉，好像是一對情侶，如果晚上和情人一起走這邊，氣氛相當浪漫。

成功湖對面是成大華語中心，許多外國留學生在這裡學華語。Ken說：

「我太太以前是這裡的學生，聽她說上課時各國來的同學們逐日一個一個減少，有些人上課態度也不太好，日本的同學們是維持教室秩序的最後一個堡壘。」

我們繼續走，走到古蹟小西門。這座城門原本建於現在的西門路與府前路圓環旁邊。一九七〇年西門路要拓寬時，將小西門遷建於此。這裡曾經也有小東門，但是日治時期遭到拆除。

「Ken桑看看城垣，很多貝殼埋在土牆裡，貝殼和蚵殼都是早期台南傳統的建材。」

「我看到貝殼就會想起小學的時候。操場的土是從『貝塚』搬運過來的，地上會看到許多貝殼片。」Ken回顧地說。

貝塚是日本石器時代垃圾場的名稱。Ken小時候住的千葉縣四街道，三萬年前人類已居住。我就說：

「台南市東方有個山區叫左鎮，曾經被挖到古代人類的骨頭，年代距今兩萬到三萬年前，被取名為『左鎮人』。台灣其實有很多考古遺址，可惜的是城市開發的過程中沒有被重視。我小時候喜歡考古學，探索台灣古代的遺跡，是我未來想做的事情之一！」

地址

東區大學路1號

體育公園

公園對於台灣人，尤其是老人家而言是不可缺少的生活空間。散步、慢跑、打太極拳、跟朋友們喝茶聊天、下象棋、唱卡拉ＯＫ等等，有各種各樣的利用方式。我很多日本朋友對公園附設的健身器具很有興趣，覺得很好玩，他們和老人家們一起流下汗。

台南體育公園是從日治時期的棒球場延伸過來的運動主題公園，棒球場現在為統一獅球隊主場地，公園內還有田徑場、足球場、網球場、游泳池等等設施。插畫家山崎達也很喜歡這裡的游泳池，為了玩水從大阪帶著泳褲過來。

二〇一三年秋天，Ken帶著日本妻子與四歲兒子搬來體育公園附近的房子，開始台南生活。

「那時候我常常帶兒子來這個公園散步。」

「對於愛活蹦亂跳的小孩來說，附近有大公園是件很幸福的事情。Ken有沒有在公園交過新朋友？」

「有，帶小孩來的爸爸媽媽之間可以自然而然地對話。有一次認識一對音樂家夫妻，先生是美國人，他的樂器叫Dulcimer，太太是小提琴手，我們馬上氣味相投，後來太太辦音樂會時邀我去彈吉他。」

對長期住過東京的我們來講，在台灣從陌生人變成好朋友的速度非常快。

「還有，來棒球場看過職業棒球比賽。對我來說，印象深刻的是球場內一直播放著實況主播的聲援，很喧鬧，尤其是打者擊出安打的時候。也看過少年棒球隊的世界盃比賽。」Ken說。

「我也有，我觀看的是美國隊與台灣隊的比賽，美國選手們都長得像大人，投手會投時速125km的球，但結果是台灣隊取得十六分，美國竟是零分，真讓我大吃一驚！」

體育公園，可說是最會產生感動的公園。

「這個田徑場平常可以自由出入，我和兒子也常在裡面玩。」

在寬闊的場地上，曬著下午溫柔的陽光，一群少年追著足球跑，健壯的老爺爺穿著無袖衫和短褲跑步。站在這麼大的空間裡，就感覺好像自己的身體變成小孩子，自然而然地很想奔跑起來，如同只要跑步就會開心的那個時光。

一個遠遠的角落裡，我們看見了有高度的東西。我說：

「那是什麼呢？好像是麒麟。」

我們走過去看看，原來在被樹木圍繞的小廣場裡，有好幾個動物的雕像，駱駝、犀牛、袋鼠、大猩猩等等。每個動物的眼神都帶有虛無感，不會吸引小孩，而且可能長年被風吹日曬雨淋，塗飾都剝落得很嚴重，甚至是缺少了一部分，還露出裡面的鋼絲。這個空間裡有一股獨特的氣氛。

「這難道是……」

「熊貓？」

骨骼突出、表情嚴肅的它，呈現出與我們常看到的可愛感熊貓完全不同的風格。我們被它打敗，哈哈大笑。但是一會兒又凝視著背對黃昏太陽的熊貓，絲毫不動地一直看著遠方的它，一種有點難以形容的哀愁感湧上心頭。

地址

南區健康路與體育路口

手艸生活
H'AND HERB Life

明治維新以前，漢醫學在日本經歷了獨自的發展。江戶時代後期，長崎的荷蘭醫生將西洋醫學傳入日本，日本人把它稱做「蘭方」，把漢醫學稱做「漢方」。可是進入明治時代後漢醫學被輕視、凋落，因此現在的日本一般民眾對中藥很不熟悉。

我以前對中藥的印象也只是味道很苦澀，為了治療病症才要吃的東西。來到台灣後發現平常吃的食物裡常出現中藥材，當歸鴨、藥燉雞湯、麻辣火鍋等等，還有一進到便利商店就會聞到茶葉蛋的八角味。就了解，有些人吃中藥料理是為了養生或品味。

「手艸生活」的一壺漢方花草茶，再次改變了我對中藥的印象。

忠義路上有一間土地公廟，晚上偶爾在廟口播放黑白電影，阿公阿嬤們搖著扇子看，這個畫面會令人懷舊。廟後面的巷子裡，有一棟綠色小房子。擺在戶外的各種植物和木頭門窗都很有溫馨的感覺。進

到店裡，老闆Hugo和他太太Q桑說歡迎光臨，店裡還有一隻狗和兩隻貓。他們也歡迎客人帶寵物進來。原木家具，搭配沖繩三線琴BGM，使喝茶時光更療癒。

Hugo的祖父開設中藥鋪，父親也開設中西藥局，他從小就與中藥有密切關係。曾經在飯店及餐廳工作過，後來回到了自己存在的淵源，開始運用中藥學理，研究會發揮各種植物潛能的茶，想讓大眾跳脫對中藥的刻板印象。

「早安。」Ken從樓梯走下來。他這幾天在台南有演出，Hugo讓他住在二樓。

我們坐下翻菜單。因為來過幾次，只要看到紅寶石玫瑰茶、金菊活力茶、洋參元氣茶等文字，就好像已聞到獨特的香氣。也有具備寫得順暢的日文菜單。我們這次點了川貝好漢果茶、手艸薑奶茶、椪烘蛋、藥膳蛋沙拉三明治、藥膳蛋和兩種麵包。

川貝好漢果茶裡面有川貝粉，羅漢

果、百合、麥門冬、黃耆及魚腥草。用中藥材泡的茶原來可以這麼甘甜、又這麼的芳香。這壺茶還有保養喉嚨的效能。漢方茶類都有茶包，可以買回去自己沖泡，很方便。

Ken喝了手艸薑奶茶，通常滿冷靜的他有點大聲地說：「好喝！老闆看透了食材的本質，真厲害。日本人也一定會喜歡，尤其是年輕女生。」

輕食類也很有特色。Ken特別喜歡藥膳蛋拌入沙拉醬的三明治，我喜歡椪烘蛋，椪餅是台南古老的坐月子補品，裡面放入雙蛋、麻油、酒釀、青醬和枸杞去烘，先用木湯匙攪拌再吃。

經常在藝文活動現場會看到Hugo夫妻的身影，他們也愛接觸大自然。「手」代表藝術，「艸」代表自然，將這兩種連結在一起就是他們的「生活」，漢方茶是一種媒介，他們透過茶，把自己的生活和思考分享給大家。

地址

中西區裕民街72巷12號

營業時間

13:00-21:00

公休日請至官網查詢

http://www.haabu.live

種子日常

在手艸生活喝茶聊天時，Ken說：

「住在台南時，我常常自己煮菜給家人吃，都是很平凡的日本家常料理，例如薑燒豬肉，雞絲小黃瓜涼拌等。騎腳踏車到保安市場買肉或蔬菜，到南門路的老米店買池上米，還有常去一家有機食品店，叫種子日常。經營這間店的家族都對我們很好，每次我帶兒子去，兄妹老闆的媽媽拿餅乾給他吃。我要去的時候兒子也想跟著去，可能是因為想吃零食。我家人搬回日本之後，如果我有回來台南的機會，都會過去給他們看兒子的照片。」

「那麼我們現在過去，跟他們打個招呼吧！」

我如此建議，馬上載Ken騎機車到延平郡王祠，再進去後面的小路大埔街。

「欸，這個不是一般民宅嗎？好隱密喔。」我有點驚訝。

庭院有一棵孔雀豆，還有一大堆摘下來的枝葉，好多亮紅的相思豆。

「哇，大竹桑，好久不見！」櫃台的小姐用流利的日語說。

「林將好久不見，我兒子又長大了喔。」Ken打開手機給她看照片。

「真的耶，長得好快喔！」他們的對話好像是親戚。

「安室將要引退了，妳會難過嗎？」Ken問。

「當然呢，我會去看演唱會，好不容易訂好名古屋場的票了。」

她叫林書薪，為了要懂安室奈美惠的歌而學日文好幾年。這家店是一九九八年她父母開的。店裡陳列著新鮮的有機蔬果、雞蛋、乳製品、調味料、餅乾等。除了食品之外也有使用有機植物的肥皂、美容品等日常用品，書薪推薦「艾草薰香」，除了艾草之外有十幾種中藥材調配製成，無毒又芳香的驅蚊香。

「一開始是大竹太太帶小孩進來的。我媽媽知道她用走的過來，建議她要買一台腳踏車。後來大竹夫妻常騎腳踏車來買東西，通常買的是調味料、油、麵粉等。」

「我們買了腳踏車之後，常常載兒子出去玩。安平、漁光島、四草等等。雖然景色好，可是空氣不好。其實我兒子住在台南的兩年一直咳嗽，搬回日本之後就沒有了。」

我們在聊天時，幾個客人陸續來買東西，也有日本婦人，書薪說她也是認識好幾年的老客人。不管是哪裡的人，小孩的家長都特別重視健康，包括食品的安全性。

書薪的哥哥林軒漢常在國小、中學、社區大學或樂齡中心開植物課程。有時動手種東西，有時到戶外教學，透過植物讓學生們思考植物與人，或自然環境與人的關係。

他們兄妹小時候住在台南的鄉下，從小就喜歡接觸植物，每天都爬樹玩。長大之後，工作還是跟植物有關，而且對社會很有意義。種子日常經營了超過二十年，證明許多人支持他們的理念，也喜歡他們的商品及像個家人般的親切感。

地址

中西區大埔街89巷51之1號

營業時間

週一～五 09:00-18:30

電話

06-2133786

Black
Sesame
【黑芝麻】
Organic

茶人的台南　葉東泰

Tung - Tai Yeh's TAINAN

茶飲餐廳「奉茶」、「十八卯茶屋」創辦人，牽引台南藝文活動的推手。生於澎湖，十歲時搬來台南，二十四歲從工廠黑手轉入茶飲行業。一九九二年在日治時期做照相館的老建築開啟了奉茶，成為「老屋欣力」的先例。留鬍子、鴨舌帽、唐裝是外貌上的特徵，滿面的笑容、從容的舉止、溫和的語氣是生命態度的呈現。他用無止境的好奇心去學泡茶、寫詩、經營、設計，以及台南的歷史、民俗、地理，天天邊泡茶邊將豐富的知識分享給客人。

台南公會堂

明治後期到昭和初期之間，日本很多地方建造「公會堂」。「公」代表「公共」或「民眾」。以民眾為主角，舉辦各種與教育、政治、藝術、娛樂有關的活動。民間人士或企業捐款而建設的例子較多，每年都舉辦推廣台南觀光活動的大阪市中央公會堂也是。

台南公會堂位於吳園，前面是法式，後面是日式建築。十八卯茶屋在旁邊，後面有一塊漂亮的草地和水池，水池旁邊有一棟閩南式老建築、老榕樹，還有一座珊瑚礁所造的假山。假日很多人來到這裡遊玩，小孩在草地上奔跑，水池旁的中式涼亭裡學生們彈吉他，情侶互相依偎。吳園周圍也是散步的好地方，有紅磚牆的巷子、老屋、寮國咖啡、甘單咖啡、以做十六歲為知名的開隆宮等。

葉大哥在十八卯泡茶給我喝，講這裡的故事：

「吳園原本是清朝時代的鹽商吳尚新的花園。以地圖來看，以前比現在大三倍。

日治時期，政府要跟吳家買土地，因為台灣是殖民地，不賣給他不好過，就一直被迫分割。蓋了四春園旅館、柳下食堂、圖書館。早期圖書館的位置就在後面的遠東百貨。」

「公會堂也是那個時候蓋的。」

「是，大正時期營造大正公園，是現在的湯德章紀念公園，挖到了二十條黃金。政府把它賣掉，得到四萬日圓，一九一一年用這筆錢蓋了公會堂。當時的報紙，還有州廳廳長也有記錄這件事情。」

葉大哥講的內容不但有趣，而且有經過考證，值得信賴。

「這裡是做公共聚會，做表演，也是政府宣傳法令的一個地方。例如台灣畫家的前輩陳澄波開過展覽，柳下食堂老闆舉辦過他六十歲的宴席，日治時期的名醫韓石泉辦過婚禮。」

「我也在韓內兒科診所看過一張一九二八年在公會堂舉辦的台灣民眾黨代表大會。在那個時代，連政治結社的活動也可以舉辦，我很意外。」

現在，參加藝文活動是在台南生活的一部分。表演空間雖多，我覺得氣氛最棒的還是公會堂。內部是溫馨的木構造，地下室還有個展覽空間。

公會堂經常有活動，對我來說印象特別深刻的是二〇一五年五月的里地歸演唱會。他是拉二胡的日本創作歌手，第一次來台南的時候，民宿主人同時也是鋼琴家的黎瑞菊老師，想幫他舉辦一場音樂會。黎老師向公會堂申請，還有做過許多準備。我是主持人，當天上台就嚇到了，三百個位子全坐滿，很多人還站著。觀眾都不認識里地歸，這邊很難找停車位，卻這麼多人來。里地歸溫柔的歌聲、二胡聲、鋼琴和吉他聲美麗地鳴響，最感動的可能是里地歸本人，從此以後他常來台南演出。

地址

中西區民權路二段30號

營業時間

08:00-22:00（史料室）

(左下) 韓石泉醫師與韓莊綉鸞女士婚紗照。(右下)1928年台灣民眾黨於台南市舉行第二次全島黨員代表大會，王受祿與韓石泉分任大會議長、副議長；坐在議長席的右方者為王受祿，左方者為韓石泉。【照片：韓良誠提供】

鶯料理（鶯嶺食肆）

日治時期出生於台灣的日本人叫做「灣生」。我認識兩位灣生，一位是前台南市長羽鳥又男的兒子羽鳥直之先生，另一位是家人曾在民權路開陶器行的松尾裕之先生。離開七十年，他們拿著老照片回來台南尋根，雖然城市的樣貌不一樣，但是他們回到故鄉的感觸是別人無法想像的。

葉大哥也告訴我一位灣生朋友，天野朝夫先生的故事：

「他的阿公是很厲害的日本料理廚師，從大阪堺市來到台南開餐廳『鶯料理』。終戰後全家回堺市，那時候朝夫先生還在媽媽的肚子裡。他現在常回來台南，捐贈許多當時的文物，對台南貢獻很大。」

鶯料理位於台灣首廟天壇與俗稱「胡椒管」的原台南測候所之間。

「這裡原本有L字型的日本傳統家屋，前面是營業場所，後面是住家，一九一一年蓋的。這裡是台南州廳的人下班後最喜歡去的『地下州廳』，邊喝酒，邊談白天不方便講的事情。」

「那時提供什麼樣的料理？」我好奇地問。

「三個餐點很有名。壽司、鰻魚蓋飯、信玄便當。信

玄便當有三層，第一層散壽司，第二層日本的小菜，第三層是生魚片。」

「好豐盛喔！」

「對啊，一打開就……哇！朝夫先生的爸爸久夫先生跟柳下食堂老闆柳下勇三先生是台南一中的同班同學。早上老爸都會包很好的便當給他們，其他同學們不敢打開自己的便當，他們倆都讓同學來夾菜，所以他們在班上的人緣很好。哈哈哈。」

鶯料理占地面積有兩百坪，現在前面是日式庭園，後面有兩棟房子。右邊是以前天野家住宅，可以脫鞋參觀裡面，有和室，也有陳列天野家捐送的鶯料理工作服、餐具、料理刀、三味線等文物。

聽了葉大哥講的故事，再來看看這個地方，腦海裡浮現當時的生活畫面。而且我小時候家裡也有一棟大正時期蓋的傳統家屋，會讓我想起許多回憶，端午節掛鯉魚旗、盂蘭盆起火送祖先、秋天摘柿子、阿嬤把它掛著做柿子乾……等等。

入口對面的二層樓房子是二〇一八年重建的飲食藝文空間「鶯嶺食肆」。目前由阿霞飯店經營，餐點以輕食為

主，用竹葉包起來的鰻魚飯糰及蘋婆米糕、白蓮霧茶、鮮果冰棒等。有鰻魚飯糰是因為鶯料理曾經以鰻魚蓋飯為招牌，有蘋婆米糕是因為庭園種有一棵蘋婆樹。

二〇一四年春天，兩位文學者王美霞老師和已故的林瑞明老師在這裡舉辦六場朗讀會「依然聽花歌唱」，王老師唸幾首林老師寫的詩，中間我彈三線琴唱琉球民謠。我們坐在蘋婆樹下，落在琴和衣服上的小花朵，看來覺得好像「手鞠」，是種古時候日本小女孩邊唱歌邊拍的玩具。我心中的鶯料理，是那許多小手鞠隨風飄蕩的夜晚。

地址

中西區忠義路二段84巷18號

開放時間

週二～五 13:00-21:00

週六・日 10:00-21:00

文學小路

快到中秋節的某天下午，在奉茶餐廳一樓的茶室裡，葉大哥泡烏龍茶給我喝，我們邊吃月餅、文旦，邊聊天。

「傍晚台灣文學館後面的小路氣氛不錯，現在的風吹起來很舒服。」

葉大哥這樣說，帶我出門。奉茶隔壁的太平境教會是台南最早建立的長老教會之一，以前牧師帶我進去裡面，一百多年前的風琴居然還會發出莊嚴的聲音。

我們走過氣象台，鶯料理和天公廟之間的小巷子，走到民生路。

「以前這條路叫打石街，清朝的時候有多家賣放骨灰的甕、打墓碑的店鋪。」

對面是原台南合同廳舍，日治時期的消防局和派出所，中央高塔可能比林百貨更高。我們從廳舍後面走進文學館後面的小路。天快黑了，有很多橘色路燈照著古蹟和灌木，別有一番風情。我跟葉大哥說：

「日語有一句話『秋日如扔吊桶』，秋天落日很快，彷彿水井的吊桶落下的速度。」

「哈哈，有趣。日語的散步怎麼講？」

「さんぽ（sanpo）。」

「喔，跟台語一樣呢！」

順路走進重慶寺，裡面有一尊月下老人神像。

「這個小甕叫做醋矸，裡面是醋，如果你現在有競爭對手，把這根竹棍往逆時針轉，要讓愛人回心轉意。如果是感情很好，要越來越順利，就順時針。」

「這裡的月下老人要接受很多人的愛憎，好辛苦喔。」

沿著小徑順著走，就到葉石濤文學紀念館。建築是紅磚牆的兩層洋館，但是屋頂的山牆和瓦片具有日本風格，日治時期為山林事務所。後面院子有兩棵南洋杉在深灰色的天空下佇立著，神奇的是樹幹的曲線剛好一致。葉大哥說：

「葉石濤在台南文學家裡面是個很重要的引路，他寫的《台灣文學史綱》整理了台灣文學的演變。」

「他不只是個小說家，也是個優秀的研究者呢！」

我們過了友愛街，走進孔廟和忠義國小之間的小路。這邊沒有路燈，草地多，路旁有小溪，蟋蟀唸詩，青蛙唱歌。過了小石橋和西大成坊，進到「全臺首學」台南孔廟庭院。我剛來台南的時候有一株大榕樹，二〇一三年因染病倒塌，當時葉大哥和在地人士們在這裡舉辦「失禮茶會」，反

省人類對自然生態的失禮。庭院還有一株很高的樹，被幾條鋼繩支撐著。

「這棵樹叫雨豆樹，日本時代種的，台語叫愛睏樹，唸一首詩給你聽。

〈愛睏樹〉

植物公務員
出日開　下昏休
天大地大　一尺一寸歡喜活
汝是柴頭人
身軀竄上天　亦袂四界趖
安分守己憨憨仔大……

這是我寫給台南公園的那一棵，它非常高大，卻不會說自己多厲害，很謙虛。」

我們常忘記謙虛，可能是跟台灣城市的綠地太少有關。城市綠化是全世界的潮流。希望未來的台南有更多綠地可以散步。

沙淘宮
老鄭菜粽

「在這蝸牛巷的巷頭買了老屋居住，貪的是這巷路位於府城西門町最繁華熱鬧的宮古座戲院後頭，是鬧區中幽靜的山谷的關係。」

這是作家葉石濤在〈往事如雲〉中寫的一文。宮古座是一九二八年蓋的戲院，現在變成一棟大樓，真善美戲院、政大書城等進駐。後面是葉石濤所取名的「蝸牛巷」，可能是因為路的形狀有點像蝸牛殼般的漩渦，另一個可能是這邊的氛圍像蝸牛一樣的悠閒。老房子窗花的形狀很有趣，幾隻貓在鐵皮屋頂上曬太陽。葉石濤故居也還在，是一棟小小的綠色木屋。有一座廟名為沙淘宮，是全台太子爺廟的開基祖廟。葉大哥說：

「台南的粽子算是很有名的。劉家、阿婆、楊哥楊嫂，還有鄭家，都是很知名的老店。鄭家在沙淘宮廟口，凌晨開始賣，只賣菜粽和味噌湯，有時候早上七點去已經賣完了。二十幾年前，我跟太太半夜在老師家學泡茶，泡到天亮了。肚子很餓，去鄭家，我們兩個吃了七顆粽子，一下子就吃完了。」

我聽了他的介紹就很想去，某天早上五點多來到沙淘宮，天還沒亮，空氣清新，很安靜，很舒服。在一株很高的老榕樹下，一位初老的先生正在準備開店，他是第二代老闆鄭世南先生。我跟老闆說要兩顆粽子和味噌湯，他打開戶外活動用的藍色保溫箱，一堆可愛的小粽子們在裡面泡三溫暖。

老闆拿下月桃葉，舀一匙醬油膏，撒點香菜，放了一支叉子，然後端給我。裡面包的只有花生，台南的「菜粽」就是這樣。這家粽子雖較小，但是粒粒飽滿的花生放得很多。

我拿起自備的木筷，把它切開來吃。我吃東西喜歡用木製餐具，或是直接用手指拿。因為金屬的涼感，會阻礙到舌頭感受食物的溫度及味道。

老闆說粽子要煮五小時，糯米都黏在一起，口感有點像年糕，但牙齒感覺得出一粒粒的糯米，Q度滿分。月桃葉的香氣也很濃郁，可是我覺得醬油膏放得有點多，如果你喜歡原味，可以先跟老闆說醬油膏要少一點。

「可是為什麼一大早要吃粽子呢？」我之前問過葉大哥。他說：

「因為攜帶很方便，而且糯米消化比較慢，尤其是體力勞動大的人，吃粽子才夠味。」

難怪我在這裡看到的客人中，從事體力勞動的人看來滿多的。原來如此。

「我們賣粽子六十幾年了，以前也有肉粽跟菜料粽，其中菜粽賣得最好。我要把

爸爸的味道傳承下去，所以做法跟口味都一直沒有改變。」

老闆本身吃素，對人和藹。工作台上放了一個有趣的器具，把醬油膏的瓶子倒著固定，讓裡面的油膏滴到最後。老闆說這是他自己做的，代表著他珍惜食物的心。

地址

中西區西門路二段116巷內

營業時間

05:30-賣完（公休日不固定）

莉莉水果

一九四七年創業的莉莉水果店是很多老台南人有青春回憶的地方，葉大哥也是其中一位。他回顧地說：

「我國中時，放學後常常騎腳踏車到莉莉吃冰。那時非常流行刀削蜜豆冰，裡面有很多水果、豆類、糖漿跟香蕉油，每家冰店都有賣。」

「當時的主要客群是年輕人嗎？」

「是，因為談戀愛，很多人約在那裡。現在加上很多遊客跟老客人。」

位子不少，卻常常座無虛席。播放著〈離家五百里〉、〈花落何處？〉等美國經典老歌，可能是老闆青春時代的聲音。

櫃台旁邊擺著五彩繽紛的水果，看了就很療癒。可以用切盤、刨冰、果汁等不同吃法品味。夏天最出色的是芒果牛奶布丁冰，除了大量的芒果切塊之外，還有芒果乾和情人果各兩片，未成熟的綠色果肉口感清脆，酸酸甜甜的，如果一對年少的情侶把它

一人吃一半，就是絕配的畫面。

如果九月來到這裡，會看到大量的麻豆柚子。秋天就要喝紅白柚子汁，冬天就要吃新鮮草莓牛奶冰，另外我推薦當季水果綜合切盤，以及搭配薑汁的番茄切盤。葉大哥說：

「這個也是從我小時候就有，用薑補氣，尤其是秋冬季節才不會越吃越冷。」

李文雄老闆與葉大哥都是民間的文史研究者。李老闆曾發行《莉莉水果有約》月刊，主題為台灣的水果及府城的人文風情介紹，過期的內容都在官方網站裡可閱讀。

「台南除了教會以外，很少單位自己做刊物。而且李大哥的調查都很仔細，有時候還請專家寫文章，也有英文的。」葉大哥說。

有一次，我有問過李老闆：

「您個人最喜歡的水果是什麼？」

「葡萄。聖經有記載，耶穌跟信徒們說：我是葡萄樹，你們是樹枝，我父是栽種的人。如果你們結出很多果子，我父就得榮耀。」

他們家人都是虔誠的基督徒，店名取自於老闆姊姊的教名Lydia，含意是個很有信仰的女商人。

在門口種植漂亮的葡萄樹。李老闆講了一個小故事：

「以前有一對夫妻看著頭上的葡萄果，討論這是真的還是假的？討論到吵架了。改天他們再來，又開始討論，我摘下兩粒給他們吃，他們就知道答案了，哈哈。」

牆壁上掛著幾件水果的木雕，其中一件叫做「聖靈的果子」，九顆葡萄果實上刻著忍耐、恩慈、信實等美德觀念，還搭配著椰子、木瓜、芭樂等台灣常見的水果。每個組合都有意思，例如橘子的果肉大多是十片到十二片，人可以邊吃邊數自己吃了多少，還能吃多少，因此代表「節制」。

牆壁上還有許多日治時期的剪報，跟林百貨有關的特別多。二樓是小文物館，可觀賞府城老照片、水果的雕塑、書法等。店裡還有售賣李老闆用毛筆畫的水果明信片，色彩豐富，筆致優美，充滿喜悅的感覺。這裡是個將水果結合台南風情和人道的地方，可以學到很多事情。

地址

中西區府前路一段199號

營業時間

11:00-22:30（週一公休）

電話

06-2137522

網址

http://www.lilyfruit.com.tw/

攝影師的台南

Tsung - Sheng Tsai's
TAINAN

蔡宗昇

在台南土生土長的攝影師、民宿「屎溝墘客廳」主人，因此人稱「廳長」。六本木視覺創意產房負責人。曾經赴日本念東京寫真專門學校，之後在大日本印刷公司作製版、回台灣之後曾在TVBS週刊擔任攝影記者。愛家鄉、愛自由、愛創意，關懷弱勢者，在大洞心目中是個典型的台南人。常常笑咪咪地開玩笑，所以即使剛認識的外國遊客也會馬上拉近距離。他常跟外客說：台南是個危險的城市，每個人一旦認識就會愛上它。其實，我認為他本人最危險。

屎溝墘客廳

住民宿的優點是什麼？雖然沒有像大飯店般的完美設備，沒有豪華的菜餚，住宿費也不比背包客棧便宜。但是民宿主人大多是好客、愛聊天的，熟悉當地事物。加上住宿裡面的家具會讓訪客感受到當地人的生活氣息。

屎溝墘客廳是位置在信義街的合法民宿，原本是一八九七年建的蔡宗昇廳長老家。有趣的名字來自於五條港支流屎溝墘，當時府城生產的糞便都經過這條水路搬運到安平做成肥料。水現在仍然流在暗溝裡。

一樓為客廳及浴室，天棚的木梁以及牆壁裡的紅磚頭都是當初用的老建材。地板上有一條用白色小石子做成的溪流裝飾，還有用紅眠床的木頭做成的大木桌、掛和服的日本衣架叫做衣桁，廳長手作的鐵管衣架等，極富有藝術感。特別引人注目的是牆壁上的大型黑白攝影。兩個男人用扁擔抬著兩個桶子，他們搬運的就是糞便。這是廳長的恩師許淵富先生一九六〇年在台南拍攝的作品。

天棚吱拐喊樓梯　他是歡喜唸歌詩

這是黑哥謝銘祐老師寫的歌曲〈阮兜住佇屎溝墘〉中的一句。當有人踏上又斜又陡的木樓梯，或是走在二樓的時候，樓下的人會聽到木頭發出的聲響。黑哥覺得這就好像是房子看到客人，高興地哼著歌聲。

二樓客房很舒適，壁上刻的紋路記錄著原本的結構。三樓擺放著兩張老沙發椅，可以坐下來閉上雙眼，靜靜地感受阿公阿嬤年代的生活點滴。閣樓鋪著跟台南老店泉興訂做的手工榻榻米，小心頭頂容易撞到天花板，有的人特別喜歡這樣的私密空間。

這裡一天只收一組房客，可以整個晚上慢慢品味，好好享受這棟每個角落都在講故事的百年老屋。

然而，讓這棟老屋重生的蔡廳長才是最大的特色。總是瞇縫著粗眉下的大眼睛，很會講笑話，去到哪裡都穿著T-shirt，短褲和拖鞋的暑假少年Style，是個土生土長的台南人，會走路的台南辭典。一九九〇年代到東京讀了攝影學校，之後在東京的印刷公司工作。二〇一七年在大阪舉辦台南觀光推廣活動時，全程用流利的日語演講，讓日本觀眾哈哈大笑。他說過：

「旅行的重點不在於你去哪裡，重要的是你遇上哪些人。」

我這幾年來看過好多日本遊客，都中了廳長的魔法，僅僅一兩天內對台南產生親密的情感，變成台南的「常客」。

認識一個願意分享在地風土民情的當地人，是旅行者的幸運。另一方面，對於當地人而言，和異鄉來的朋友聊天，是能夠了解人類的多元性，以及重新發現自己的城市所擁有的魅力的一個好機會。台南有很多人士包含廳長，一直在思考如何讓旅人與當地人都能得到意義的交流方式，有這些民間的思維及努力，台南觀光界才能更進步。

地址

中西區信義街3號

電話

0931820552

慕紅豆

早上九點，信義街巷弄的一棟小木屋裡，唐大可的一天從洗紅豆開始。

「今天下雨，煮十幾碗的分量就好了。」

洗過的紅豆每一粒都亮晶晶，好像是紅寶石，這是來自高雄大寮磚仔窯農場的產銷履歷紅豆。接著將紅豆與水放入大型黑陶甕裡，先用瓦斯爐加熱，同時將地瓜去皮之後加點麥芽糖和水熬煮。然後大可拿著一盒火柴蹲在灶爐前，這台設計得很可愛，灶口好像是人的嘴巴，旁邊有一大堆廢木材。用柴刀把它砍成細木片，放入灶口，摩擦火柴點燃，用竹筒吹著，火勢變大，煙囪冒著縷縷白煙，有濃濃的柴燒味。大可將陶甕放在灶爐上。

顧火的時候，我們邊吃大可父母做的茶葉蛋和紅豆鹹粽邊聊天。大可常常大笑、開朗樂觀，與他講話時就會感染到他的元氣和活力。

「這裡有很多用罐頭做的小灶，是做什麼用的？」

「我教小朋友們製作的。也教他們生火、煮東西。」

大可一直關注教育及社區活動，店一開始一週只營業四天，後來又變成兩天，其他時間他常開課或參與各種活動，他自己也主辦「舊秋調」，讓一群小朋友和大人們拿著一張古地圖探索府城。

過了一會兒，大可把麥芽糖放進陶甕裡，繼續顧火。

「我以前在旅行社上班，後來邊讀資訊管理邊當電腦工程師，雖然薪資較多，但是沒興趣，跟現實妥協八年。離職後每天都躺在床上看天花板幾個月，我想將來該做一份快樂的工作。然後在台中禪修中想到了爸爸，他常常煮紅豆湯請幼稚園或醫院的人吃。腦海裡忽然浮起『分享＋紅豆湯＝快樂』的公式。」

然後一開始跟朋友分租空間，在金華路，神農街，吳園及北門路等地方賣紅豆湯。店名「慕」有英文move的含意。大可有一個遊牧民族的靈魂，二〇一二年秋天坐落在信義街開店，過沒幾個月就騎著三輪車去環島了。載著灶爐，到處免費分享紅豆湯，在半年的旅程中，竟然到達一萬碗。其背後，許多人用募款或提供衣食住的方式支持他。蔡廳長說過：

「大可賣的不只是紅豆湯，紅豆是一種媒介，他真正賣的是自己的想法跟生活態度。」

我很認同，然後我想大可說過的下一句話代表他理念的核心，也代表台南會吸引外地人的最大因素。

「社會要快，我就騎三輪車。要競爭，我就柴燒。要賺錢，我就煮紅豆湯。分享所有，擁有世界。」

雨停了，紅豆煮好了。我跟太太坐在戶外的木椅上，大可將紅豆湯與紅豆烏龍茶冰淇淋端過來。香醇、濃稠、甜蜜暖暖的紅豆湯裡還放著幾塊軟嫩綿密的地瓜與薏仁。另外烏龍茶冰淇淋的茶香味非常馥郁，與柴燒紅豆一起放進嘴裡，就自然而然露出笑容。

地址

中西區民族路三段148巷35號

營業時間

週六・日 12:30-18:00
（平日不營業）

兌悅門

信義街上有很多傳統老屋隔著小路林立，除了屎溝墘客廳和慕紅豆之外還有不少地方值得一看，例如擺著許多古董的無菜單台菜餐廳「筑馨居」、澳洲藝術家Nigel先生開的藝術空間「聽說」、烘焙茶館「巴貝羅斯」、兩尊石像做為門神的集福宮等。廳長在這邊走路時常跟人打招呼，似乎每個居民都有認識。

「近年來有許多外地來的人在老街做生意，這點沒有不好，但是做生意的人需要跟鄰居們互動及回饋。」

我知道廳長平時很關懷老人家，信義街中間有一區塊被馬路切斷，某天一位阿嬤要過路時因車禍往生，於是廳長開始推「以動物隧道概念縫合老街」運動。

兌悅門是台南唯一車子可以出入的老城門，位於信義街西端，前面有個小廣場。城門以紅磚及珊瑚礁砌成，城牆上有一顆巨大的老榕樹，樹下有樓梯可以上城門，白天可眺望老街，晚上路燈橘光照著老屋，相當的浪漫。

十七世紀荷治時期以前，現在台南市的西北部有一片廣闊的潟湖，叫台江內海。赤崁樓、新市、麻豆以前都靠海岸線，台南的歷史與台江內海的變遷有密切關係。府城城牆的西邊位於現在的西門路上，十八～十九世紀由於大風雨，

大量的土石流進台江內海，城牆以西也淤積成陸地。商人團體「三郊」把這個現象當做商機，開了五條河道，總稱為「五條港」之新港墘港、佛頭港、南勢港、南河港及安海港。當初海賊常出沒，因此加蓋了城牆，兌悅門也在此時建設，是西曆一八三六年的事。在這個年代，載著米、砂糖、茶、藥、衣服等等各種貨物的船穿梭在運河上，港邊會看到許多苦力和商人的身影。當時的信義街是從澎湖搬來的珊瑚礁或從福建搬來的花崗岩交易的地方，珊瑚礁做為建材，花崗岩做為「壓艙石」在船艙中放置的石頭，是為了航行中穩定船身。現在老榕樹下保留一個刻著「老古石街公議」的石碑，老古石就是珊瑚礁的意思。

可是五條港繁榮的時代沒有持續很久，十九世紀後段淤積越來越嚴重，船都無法通行了，加上一八五八年天津條約之後安平港對外國開放，從此以後台南的商業中心從五條港轉移到安平。蔡廳長告訴我一個有趣的傳說：

「安平取代五條港歌頌繁榮的時候，五條港的商人們最後想靠風水，用法力攻擊安平。將一塊細長的石頭埋在城門下，把它當作一支箭，然後把弧形的城牆當作弓，要射穿安平。安平人一知道這個消息，為了防禦，將一對石敢當朝著兌悅門的方向放著。這對石敢當現在在安平天后宮裡被祭拜，名叫石將軍。」

五條港隨著台江內海的變遷發展而沒落，兌悅門的一顆顆老古石替先人們，跟來訪者述說兩百年前的故事。

地址

信義街與文賢路口

媽祖樓 天后宮

古稱為老古石街的信義街與康樂街的交叉口還有一條小路，盡頭有一間廟叫做媽祖樓，因此清朝時期稱做媽祖樓街。

「老古石街是經濟方面，媽祖樓街是精神方面，在五條港特別重要的兩條街道。」蔡廳長說。

媽祖信仰在日本幾乎沒有。我在電影《練習曲》中看到媽祖遶境的畫面覺得很有趣，後來去過福建湄洲島旅行，移居來台灣後徒步參加大甲媽祖遶境進香。在路上認識了幾位台北朋友，過了幾個月他們來台南玩，住在屎溝墘客廳，那時我第一次見到廳長。這可說是媽祖帶給我們的緣分。

二〇一二年，在媽祖樓廟埕有人拍戲，我當時偷偷看過，但不知道在拍什麼。原來就是隔年上映的電影《總舖師》，之後的一、兩年來朝聖的影迷絡繹不絕，現在已恢復了原本的寧靜。

屋頂上的瓦片及交趾陶裝飾的鮮明亮麗，尤其是黃昏時段。

「看一下那裡。」廳長指著門上的柱梁，兩個紅色頭髮，穿著華麗洋服的小人扛著柱梁。

「那兩個是荷蘭人叫憨番。你有看過魯迅寫的《阿Q正傳》嗎？以前台灣人做憨番的想法很像阿Q。」

在小說中，阿Q如果被人打或被欺負，他就把對方當做小孩，被小孩打有什麼好生氣的呢？阿Q每次用這樣的思考模式保護自尊心，這叫做「精神勝利法」。荷蘭東印度公司統治台灣的三十七年中，許多福建廣東地方的漢人移民來台灣，蓋了熱蘭遮城與普羅民遮城、開墾土地、種作物。漢人一直被荷蘭人剝削，因此發生農民起事「郭懷一事件」，但是馬上被荷軍鎮壓，據說約四千個漢人死了。後來台灣人意圖讓荷蘭人在媽祖廟裡受懲罰，代表媽祖婆比荷蘭人更偉大，我想這是重點。

「這裡以前是德慶溪碼頭的工人休息的草寮。當時航行的船看到草寮上有紅紅的火光，以為是一個燈塔。後來發現，在閣樓上的這個火光原來是有人在供奉媽祖。每到晚上，上面就會有神蹟，發爐，這個爐就會燃燒。所以才叫做媽祖樓。」

廳長邊講故事邊走進去，牆壁上有一塊石板記錄著道光辛丑年整修時的募款及用途，其中有一行「檳榔　去銀十六元六角三占四办」很有趣。連檳榔也算得那麼仔細！

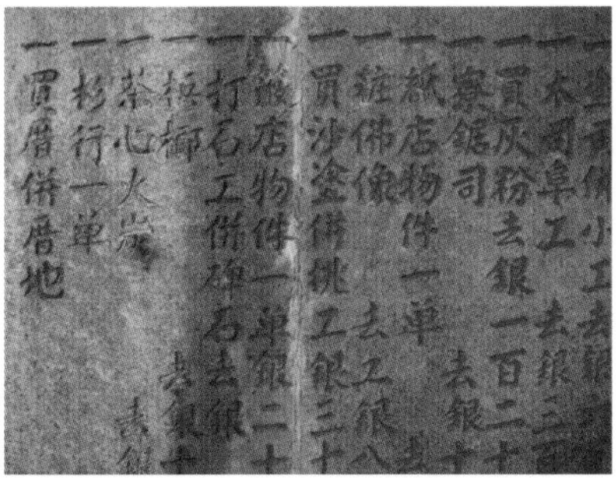

後殿有四支柱子，廳長問我：

「看看，跟一般廟宇的柱子哪裡不一樣？」

「都是用磨石子和馬賽克的工法畫著龍跟鳳凰，好精緻！」

「日本昭和時期很流行磨石子的裝飾，當時台灣的師傅也去學，這間廟上次整修剛好是那個年代。它其實很有西洋建築的味道。」廳長告訴我。

馬賽克裝飾的淵源可追溯到古羅馬時代以前，也是基督教美術的重要元素。後來這個工法經過日本，使用到台灣的道教美術。這條龍是穿越幾千年的時光與幾千公里的距離飛過來的。

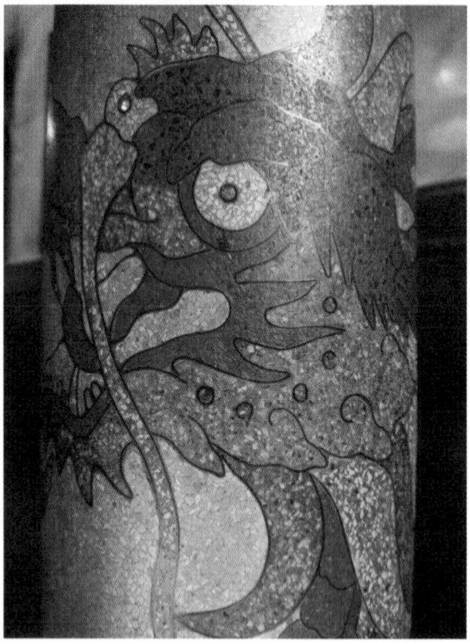

地址

中西區忠孝街118號

水仙宮市場

「足俗喔，來看一下！」

「頭家，這一斤多少？」

水仙宮市場雖然有屋頂，但是在裡面走路時，到處交錯著台語聲像雨水般地灑落耳朵，因為有些攤販賣海鮮，地板也是溼溼的，整年穿著拖鞋的我，要慢點走。市場大到像小迷宮，可以分南北區塊，南邊主要賣的是肉、海鮮、蔬果類，北邊是五花八門，熟食區、小吃攤、生活用品等。早上非常熱鬧，中午過後變得很安靜，但是一間蔬菜攤的阿姨像鐵人，每天早上六、七點開始工作，賣到晚上七點，天氣多熱也一直站著匆忙地工作。我每次到市場都覺得：在這裡工作的人怎麼這麼勤勞！

「寶來香餅舖」陳列黑糖椪餅、紅龜粿、芝麻荖等許多種傳統點心，其中一個是白色的小豬與小羊（兩種長得很像），口感類似綠豆糕，這叫做「九豬十六羊」，跟明朝及鄭成功有密切關係。九豬是「救朱」，羊是「陽」的諧音，陽代表明朝，明朝皇帝有十六位。每一隻背上有個紅點，這代表「朱」。廳長說：台南因為是鄭成功的所在地，明裡暗裡存在著紀念鄭氏的習俗。

隔壁的「麵條王海產麵」是典型的銅板美食，總是一群人在外面等著。海產麵的料有小卷、鱈魚丸、豬肝、肉片、滷蛋等很多樣，麵Q彈分量又多。

被攤販包圍的水仙宮廟祭拜禹帝、楚王（項羽）、寡王、屈原及伍子胥。祂們的傳說都跟水有關。不管是什麼時代，成功治理河水的人物都會得到民眾的敬愛，禹帝也是，八田與一也是。在十八到十九世紀五條港最繁華的年代，水仙宮是掌握大陸貿易的商人團體「三郊」（北郊、南郊、糖郊）總部的所在地，可說是台灣的貿易中心。廟宇建築也是台灣最大又最美麗。可惜在第二次世界大戰時遭美軍轟炸，日本人蓋了防空洞，只留下三川殿。二〇一八年整修完工，昔日風華重現。

市場北方還有一間土地公廟「景福祠」，廳長說：

「景福祠前面的小路以前是佛頭港河道，五條港河道盡頭都有一間廟。廟前橫向的這條路以前叫做杉行街，買賣從福州運過來的木材。這一邊做棺材，那一邊做老人嫁妝。我小時候還有很多做棺材的，現在都變成百貨街。」

「有很多老房子呢！二樓外面都有個門，和神農街的街屋長得很像。」

「因為一樓為店面，二樓為倉庫，為了避免打擾客人，貨物都直接從二樓外面吊掛搬進來。如果市場沒有蓋起來，屋頂就更漂亮。」

「那是什麼？」我看到用紙做的房子，問廳長。

「那個叫糊紙。在台灣有人過世的時候，家人會送一套用紙做的豪宅或房車等給往生者在冥府使用。如果你要送紙的iPhone給長輩，要記得充電器跟說明書也一起放喔！」

地址

中西區海安路二段230號

Atsushi Daido's
TAINAN

民謠歌手的台南
大洞敦史

蕎麥麵店「洞蕎麥」主人、琉球三線琴演奏家、日語教師、作家、翻譯家。一九八四年生於東京都調布市。十三歲開始自學，經放送大學（類似台灣的空中大學），明治大學理工學碩士畢業。二〇一〇年來到台北參加國際工作坊ImaginAsia時決定在台灣扎根。二〇一二年搬來台南打工度假，隔年在早稻田日語補習班任教，同時經常受邀音樂演出。二〇一四年出版日文書《台灣環島 素描南風》。二〇一五年洞蕎麥開業。二〇一六年結婚，成為台灣女婿。天天穿著沖繩襯衫與海灘褲，騎著機車四處觀察府城。

奇美博物館

這是八十年前一個少年仔所做的夢。

從百年木造建築的保安車站步行約十五分鐘的距離，有一座純白、巨大的宮殿風建築，被各種各樣的樹木及清澈的人造湖包圍，很隱密且很靜謐。如果從天空上俯瞰，地形呈現著一把小提琴的形狀。琴頭部分有「阿波羅噴泉」，阿波羅是希臘神話中的藝術之神，祂指揮戰車，守護著這座亞洲最大規模的民間博物館。

挺著古典希臘風山形墻的數支大柱，宛如樂器的弦。走進了這把世界最大樂器的內部，就到圓頂大廳。站在中間仰視，圓頂彷彿是一朵會發光的花。前面是常設展場，右邊是特展廳，左邊有禮品店及克里蒙納咖啡。展場很大，該先填飽肚子。我愛吃這家咖啡廳的披薩，例如松露野菇披薩。剛烤好的麵皮麥香醇厚，加上大量的蕈菇片、小番茄、羅勒和松露橄欖油混在一起的香氣很迷人，價格也不貴。二樓信息咖啡氛圍更棒，茶點精緻，可享受非常優美的下午茶。

常設展場分成一樓與二樓，一樓有：世界各地的動物標本、化石、礦物等的「動物廳」，人類從古代到近代使用過的「兵器廳」，及藏有「沉思者」雕塑最引人注目的「羅丹廳」。二樓有：民族樂器、名貴的弦樂器、還沒有電氣的時代發明的自動樂器等的「樂器廳」，以及將十三世紀到二十世紀的西洋繪畫、雕塑、家具等順著時代陳列的「藝術廳」。另外一、二樓中間的走廊也陳列著許多大理石雕塑，有幾尊是從羅馬時代留下來的。

我最欣賞的是「走入管弦樂團」多聲道影音節目。在樂器廳裡面的一間小廳裡，各種各樣的管弦樂器依照貝多芬或布拉姆斯指揮下的管弦樂團的隊形配置，還有十八個等身大的立型螢幕播放著十八位演奏家在介紹樂器，整點時開始演奏〈莫爾道河〉；〈第七號〉等曲目。每個螢幕都有一台音響，播放出裡面的人正在演奏的樂器聲。你可以邊走邊靠近聽，此時會有一種，彷彿交響樂團正在演奏時，而你在裡面隨意地走動的感覺。即使你平常對交響樂沒興趣，也一定會被感動到。

從兒童到阿公阿嬤都能「聽得懂的音樂，看得懂的畫」，這是奇美實業創辦人許文龍先生的理念。許先生一九二八年出生於台南神農街，小時候放學後「不是去魚塭玩耍，就是待在博物館」。他經常到一座日本人設立、入館免費的台南州立教育博物館，所以種下了熱愛藝術的心，後來培養了一輩子。他的大愛及對社會的貢獻，宛如海洋般浩瀚。台南市民可免費參觀奇美博物館的常設展也是許先生的堅持。

如果有時間的話，建議展覽看到傍晚，走出大門就會發現，純白的建築、雲彩和樹林整個都變成橘紅色，是一幅非常美麗的動態繪畫！

地址

仁德區文華路二段66號

開館時間

09:30-17:00（週三公休）

常設展票價

200元（台南市民憑身分證免費）

網址

https://www.chimeimuseum.org/

韓內兒科診所（韓石泉故居）

某天晚上，溫文儒雅的兩位先生和一位婦人來到洞蕎麥，說：

「這是我們父親寫的自傳，記錄許多日治時期台南的故事。日譯版送給您，中文版送給您夫人。」

打烊後，我們認真努力地看日文譯本《韓石泉回想錄》及其原版《六十回憶》。

韓石泉先生一八九七年出生於台南，小時候在他父親開設的私塾讀漢文，一九一八年總督府醫學校畢業後，從事醫療服務一輩子。一九二〇年代投入非暴力抗日民族運動，用演講或戲劇等合法的方式啟蒙大眾。一九二三年曾因治警事件被捕入獄。一九二六年與莊綉鸞女士經過自由戀愛而結婚，一九二八年開設韓內科醫院。一九三〇年長子良哲夭折，開始信基督教。一九三五年前往日本熊本醫科大學求學。戰後就任台灣省參議員，在台南負責處理過二二八事件。

石泉先生吸收了傳統清朝人的文才、日本老師的薰陶，以及基督教的教義，而塑成先進開明的觀念，還有堅持信念的氣魄及為大眾奉獻的利他精神。他和夫人結婚時廢除了隨嫁的妝奩等習俗，在台南公會堂舉辦婚禮時，兩人穿著西裝跟白婚紗，站在禮堂前向親友一起朗誦「結婚宣誓書」。

韓氏伉儷生育了七男四女，那天來我店的是三兒子良誠先生夫婦和四兒子良俊先生。良誠先生是韓內兒科診所院長，當過全國ＹＭＣＡ理事長，光華高中董事長，也是最新且唯一的成大「老人醫院」發起人。良俊先生是台大醫學院名譽教授，口腔癌預防和拒嚼檳榔運動的旗手。二兒子良信先生是定居在美國的知名數學家。《韓石泉回想錄》中，每一位子女都寫了一篇追念父親的文章，令人感受到韓家的團結、向心力。

韓內兒科診所門面上方有一顆把榕樹枝葉修剪成的綠色大愛心，是台南的一個有名地

韓內兒科診所
附設身心醫學門診

韓石泉醫師 韓莊綉鸞女士

標。一九三四年出生的良誠院長現在還每天看診。院子裡有一棵很高的椰子樹，最深處還有美麗的庭園，一對漂亮的鴛鴦在水池中悠閒地划水，滿滿洋溢著春暖花香的氛圍。

庭園旁的房間就是「韓石泉莊綉鸞紀念室」，擺著許多老照片、書法或書本等珍貴文物。還有兩尊雕塑，韓良誠院長用日語說明：

「這兩位是總統府醫學校堀內次雄校長和熊本醫科大學明石真隆醫師。先父石泉在熊本留學時有一次大量胃出血，明石醫師那時抽母親的血來給石泉輸血，才救了一命。總之，如果沒有他們的幫忙，我們都不存在。所以我們非常感謝當時日本人對先父的恩情。」

二次大戰中，韓內科醫院遭美軍空襲，長女韓淑英在去女子救護隊的路上不幸罹難。醫院和住宅也都全毀，變成廢墟。這棟建築物見證了戰爭的傷痕和醜惡，門上的愛心，則象徵著韓家對和平懇切的祈願。

地址

中西區民權路二段299號

開放時間

10:00-20:30（紀念室部分開放）

電話

06-2222303

MicMac
印尼餐廳

育樂街是成大學生們的廚房，街上有許多平價餐飲店，相當熱鬧。在群眾中偶爾會看見用布把頭圍起來的女性，也有樸素的，也有華麗的，那條頭巾叫做希賈布（Hijab），穆斯林婦女的一種象徵。歐洲有些國家以法律來禁止在公共場所穿希賈布，但是在台灣應該沒有這個爭議。穆斯林有不少規則，例如不能吃豬肉，其他肉也只有通過清真（Halal）認證的才可以放進嘴巴裡。但是在台灣，除了素食餐廳之外，完全不會吃到肉是很困難的。而且如果是學生的話，住宿可能不方便煮東西。那麼台南的穆斯林學生們該去哪裡吃飯呢？

印尼料理餐廳MicMac是最好的選擇。內用以自助餐的方式為主，每天不一樣，這天有咖哩、炒麵、黃豆料理Orek Tempe、雞肉、雞肝、炒青菜等等，都是來自印尼的Heny姊親手煮的家常菜。食材都是通過清真認證的。

加點椰奶的白飯很適合跟咖哩一起吃。Heny提醒咖哩比較辣，對於我來說是剛剛好，香氣豐富。雞肉有三種，烤的、煮的、滷的，肉質都很柔嫩，一定花費了不少功夫。

午餐時段，印尼話的暢談聲在店裡交錯。有的女生除了希賈布之外還穿著民族風的刺繡衣服，有的男生戴著印尼傳統的宋谷帽。年輕人一進來就跟Heny打招呼，接著低下頭把Heny的手貼在自己的額頭。

「這動作有什麼含義？」我問Heny。

「他們都把我當作是在台南的媽媽，這裡是他們的第二個家。」

我雖然聽不懂他們的語言，但感受到親切和溫度。大家吃完飯，都還把碗盤拿到後面洗！因為知道Heny一個人開餐廳很辛苦。她除了經營這間店之外，平常日每天都做七十份到一百多份便當，都是給工廠的外籍移工吃的。穆斯林不能隨便吃外面的便當，而且他們也較喜歡南洋風口味。

一開始來成大讀華語的Heny，後來定居也有十五年了。每天早上七點多就開始煮菜做便當，中午開店，晚上九點打烊整理，十一點多才回到家。而且沒有公休日。再怎麼忙，也不會忘記一天五次的禮拜。

以前我住過的民宿有一位印尼移工，老闆叫她煮豬肉，還清理神桌。偶像崇拜是他們最大的禁忌之一，我看了很心痛，一直在想台灣還有多少移民受到這樣的待遇？

我相信台灣大部分的人是很善良，但是對伊斯蘭教太不熟悉。據說台灣移工當中八成以上是穆斯林，我們不能不去好好了解。不同背景、思想或信仰的人們，如果能夠互相了解、體諒、尊重甚至幫助的話，那就是人間最美麗的風景。

MicMac也是一個很好的學習異鄉文化的空間。透過料理、裝飾品、與Heny或年輕人聊天，可以了解許多他們社會的事情。Heny還偶爾受邀到學校單位教認識穆斯林文化的課程。她對台灣的穆斯林或東南亞人的貢獻，以及對台南的貢獻都非常大。

地址

東區育樂街166-2號

營業時間

12:00-14:00，17:00-21:00（週六、日下午不休息）

正興街

這是一條目前在台南最充滿活力的街道。蜷尾家、泰成水果、布萊恩紅茶、小滿食堂、豐發黑輪、拾參馬卡龍、特有種商行等多元的店家和老闆吸引許多年輕遊客，加上週末實施「徒步區」，熱鬧非凡又很安全。

台南還有神農街、新美街或府中街等遊客會集聚的小街道，但是要說街區的團結力這點，正興街肯定是台南第一。因為這裡有一個很棒的店家組成的團隊，名為「台南市街區正興同協會」（原名「正興幫」）。

他們平常做垃圾處理、交通整理、採訪居民意見等公共服務，也經常舉辦有趣的活動。例如邀請日本京田邊市「辦公椅滑行大賽」主辦單位及選手們來展開熱火朝天的比賽，或七夕夜邀請魏德聖導演和知名演員們來舉辦《海角七號》播放會等。徒步區也是他們經過內部投票向市政府提議的。另外自行發刊雜誌《正興聞》，以「倡議逆世道　非主流價值觀」為概念，採訪鄰居阿嬤阿公，

賣彩券的阿亮哥等隱藏在紅塵裡卻很有故事的小人物。還有插畫家小圭把正興街的人們畫成可愛的「正興貓」，成為街區的吉祥物。

正興同協會理事長高耀威（人稱Erik）先生是正興街的靈魂人物。他生於基隆，曾住過國內外十座城市，三十三歲時辭掉年薪百萬的主管職位，與當時的女友共同創立了獨立服裝品牌「彩虹來了」。在街邊的一間小店，賣自己的設計品，享受生活，是他那時的白日夢，緣分讓他從台北移居到台南，租下一棟屋齡接近一甲子的老房子當店鋪，展開第二個人生。Erik說：

「我們剛開店的時候，附近店家不多，人也不多，平常日的客人經常不到五個人。一開始積極地開墾銷售通路，全台有了八間協賣店鋪，可是發現我把初衷忘掉。後來慢慢取消所有寄賣，專注做喜歡的事情。」

Erik所謂的初衷「專注做喜歡的事情」包括串門子或跟朋友一起熱鬧。他的性格很

開朗又很熱情，漸漸地與在附近工作的人們或鄰居交朋友，過一陣子就成為「革命戰友」。他們共同舉辦各種活動，引起媒體的注目，也有些人會來這裡開店，於是人潮日益增加。Erik專注的事情雖然與工作沒有直接關係，但是他讓正興街產生出會吸引人的一種「磁力」。

「過了三、四年後，一天曾來過五百個客人。但這也不是很好的狀態，好險後來慢慢減少了。」Erik告訴我。

在台南，發揮玩心和創意，從零創造出獨特的生活模式的人許多。Erik也是其中一位，但是他與別人不同的是，會積極地讓周圍的人們捲入漩渦中，大家一起玩，一起開心，一起成長。

二〇一九年Erik離開「彩虹來了」，在台東長濱開了一間具有社會實驗性質的獨立書店「書粥」，同時在台南繼續其他社區設計的想像與實踐，往返台灣東西兩端，探索嶄新的生活型態。如果您更想了解Erik的想法和行動，請務必看他的著作《不正常人生超展開》（遠流）。

註

「彩虹來了」店面目前在正興街100號，因負責人Mavis個人經營考量，預計2019年年底遷移。

林檎二手書室

我剛上國中沒幾個月，就自己決定不去上學了。之後常搭地鐵到東京神保町逛街，那裡約有兩百家書店，大部分是賣二手書。對於我來說，書是讓我看見世界的一架飛機，也是讓我沉澱的一洼溫泉。當個二手書店的主人，是我那時候的夢想。想要居住在一個時間不會流逝的空間裡，抗拒盲目地追求速度與發展的社會潮流。

雖然夢想還沒成真，但是一直喜歡逛書店，這家林檎二手書室是一對年輕夫妻二〇一一年創立的。「林檎」是中國古時候的蘋果之稱，日本現在也用同樣的字，發音為Rin-go。他們以前在日本旅遊時，在一瓶蘋果醋上面看到「林檎の涙」文字，覺得很有詩情。我覺得這個店名很棒，日本人把愛書的人形容為書蟲，如果書蟲能埋沒在書林裡過日子，就像在蘋果裡每天吃果肉的幼蟲一樣，是不是幸福得不得了？

空間有一、二樓，因為老闆覺得書跟音

樂在生活裡分不開，所以除了書本之外，也擺著許多二手CD、DVD、黑膠唱片，還有大小古物、文創雜貨，包括獨家商品，例如與合成帆布行合作的「藏書袋」。

我在這裡遇見了幾個在腦海中埋沒許久的記憶。印度思想家吉杜．克里希那穆提的著作、靠著柏青哥賺錢的時期玩過的機器「和風彩祭」，還有國小時看過的《水蜜桃罐頭》，是《櫻桃小丸子》作者寫的一本日文隨筆書。封底貼著「紀伊國屋書店」的標籤，每頁都有用四、五種色筆寫的筆記，但後面就沒有了，我可以猜想前主人跟這本書的故事。書是個時間的罐頭，書是會旅行的，二手書店則是許多旅人聚集的一個背包客棧。

一位我的朋友，攝影師R先生也是這裡的常客，長得很高的他常坐在小小的椅凳上看著哲學書。還有一位白頭髮的奶奶，她坐著看書的樣子，已經是書店角落的一處風景。老闆說還有一位很會命理的爺爺常來關心他們，因為罹患咽喉癌所以講話都小小聲，曾告訴他們開書店很辛苦。老闆把那位老爺爺當做這裡的土地公，但最近都沒看到他，使他們掛念。

店裡偶爾會舉辦活動，曾經邀請音樂家林強或作家吳明益來辦分享會，也辦過素人旅遊分享會或日文小教室等小型活動。此外他們一直持續做「把書贈送給偏鄉小孩」的活動。自己也是在偏鄉國小畢業的他們，休假日會開車載一堆適合小孩閱讀的書送過去。老師們也很高興，有一次老闆被招待泡那附近的溫泉。

「我們堅持的事情很多，沒那麼隨和。」對人親切的老闆夫妻謙卑地說。

「個性很強，甚至有點固執，才是標準的二手書店主人。」我回應。

「說得是，台南不只書店，其他很多小店都是這樣的。」

地址

南區國華街一段24號

營業時間

12:00-20:00（週四、日公休）

提供◎林檎二手書室

後記

「觀光的『光』原本是智慧的意思。在某塊土地生活的人們，在有限的風土條件之下，以智慧與創意編織出只有那個地方才有的幸福，這個叫做光。自古以來，旅行的目標就是到某個地方，好好學習當地的光，然後把它帶回鄉，活用到自己的人生以及家鄉的生活。」日本知名電影導演大林宣彥所寫的這句話是我的座右銘。

這本書寫出的是，我與台日十一位藝術家一起遊步台南的街角，而感受到的六十種屬於台南之「光」。藝術家中，有從小一直待在台南的人、返鄉的人、從外地移來的人、居住日本常來台南的人，各種面向都有。每一位的背景和看法都不一樣，但是大家都確實熱愛台南。

採訪流程，首先是我與各藝術家挑選出五個藝術家喜歡的，或是與人生有密切關聯的地點，而且以有開放的地方為挑選基準。再來約時間一起走訪，輕鬆地散散步、聊聊天，有時聽人文故事、看景象文物、品嘗美食，這是一種富有學習性的遊玩。在這個過程中，我更能深入了解每一位藝術家的人生及思維，是個非常珍貴的體驗。

我從學生時期就常常思考，能夠使人幸福的城市是什麼樣的？來到台灣時直覺一閃，答案就在這塊土地上。來台南時就有更強烈的直覺。於是一畢業就從東京搬過來，至今用一顆旅人的眼與一顆在地人的眼，天天「觀光」，已邁入第八年。

台南是一個充滿愛與智慧的城市，因為它很肯定小的、慢的、老的、弱的……等等的存在，是其他城市會被排斥的性質，無論清朝或日治時期的老建築，還是老人皺皺的笑容，都顯得格外美麗。不像到處都是連鎖店的大都市，這裡的街上有許多獨立小店，規模雖小，卻很有特色。小資工作雖然比較辛苦，但是這裡的人一下班就會放鬆地泡茶、慢慢聊天，或專注在自己的興趣上。總之台南人很有智慧，他們懂得快樂的來源，知道新的、大的、快的、強的，並不一定是好的。有空的時候，穿著涼鞋和寬鬆的衣服，和喜歡的人一起出門，吃個小吃、在古蹟散步，順便看街頭表演，這不就是幸福嗎？

人在家鄉也可以「觀光」。台南人即便活在一個小世界，但不會排斥外來的人及事物，反而會熱情地去接觸，產生連結。因此外來的風一直吹進這裡，城市就會越來越有趣、豐富、多元。

除了這些藝術家之外，在這本書裡還有出現許多台南人，他們都有獨特的本業，不管是繼承家業的還是自己創業的，都會不斷地努力，使台南的文化更精采。每一位都可以成為一本小說的主角。如果還沒找到人生目標的年輕人或小朋友，把這本書當成人生的副教材而能有所參考之處，我就非常高興了。

我借此機會向各位藝術家，以及樂意接受採訪的台南朋友們、蔡宗昇廳長、皇冠文化平雲社長、許婷婷主編、黃釋慧編輯、蔡維鋼編輯、徘斐國際有限公司洪蕙玲小姐表示衷心的謝意。也謝謝一直鼓勵我的岳父岳母，以及替我處理洞蕎麥許多事情、讓我有時間可以寫書和幫我校稿的妻子蕭米真，更感謝支持我在台灣發展的日本家人。

大洞敦史

二〇一九年五月十五日

國家圖書館出版品預行編目資料

遊步台南：12位藝術家的台南慢時光 / 大洞敦史著. -- 初版. -- 臺北市：皇冠, 2019.06
面；公分. -- (皇冠叢書；第4765種)(PARTY；82)
ISBN 978-957-33-3448-4 (平裝)

1.旅遊 2.人文地理 3.臺南市

733.9/127.4　　108006925

皇冠叢書第4765種
PARTY 82

遊步台南

12位藝術家的台南慢時光

作　　者—大洞敦史
發 行 人—平雲
出版發行—皇冠文化出版有限公司
台北市敦化北路120巷50號
電話◎02-27168888
郵撥帳號◎15261516號
皇冠出版社(香港)有限公司
香港上環文咸東街50號寶恒商業中心
23樓2301-3室
電話◎2529-1778　傳真◎2527-0904
總 編 輯—龔橞甄
責任主編—許婷婷
企畫編輯—黃羿慧
責任編輯—蔡維鋼
美術設計—王瓊瑤
著作完成日期—2019年2月
初版一刷日期—2019年6月

法律顧問—王惠光律師

讀者服務傳真專線◎02-27150507
電腦編號◎408082
ISBN◎978-957-33-3448-4
Printed in Taiwan
本書定價◎新台幣420元/港幣140元